再検証 夏の甲子園 激闘の記憶

1998年 横浜高校

松坂大輔という旋風

楊 順行

目次

デザイン　江口修平
本文組み　イエロースパー
写真　ＢＢＭ
編集・校正　中野聖己

はじめに

あれはもう35年以上前のことになる。

1985年のある日、横浜市金沢区にある横浜高校を初めて訪ねた。85年といえば、桑田真澄(元巨人ほか)、清原和博(元西武ほか)のKKが3年だったPL学園(大阪)が、夏の甲子園を制し、高校野球人気が異様に盛り上がった年だ。

横浜(以下、わずらわしいので原則として「高校」は略)を訪ねたのは、担当する高校野球雑誌に渡辺元(現元智)監督の連載をお願いするためだ。野球部専用の、いわゆる長浜グラウンドができる前。当時で春夏の甲子園優勝が1回ずつある強豪なのに、練習グラウンドは京浜急行の能見台駅そばからほど近い学校敷地の、つつましい校庭だった。

むろん連載は快くお引き受けくださり、それ以来は定期的に能見台に通うことになる。

その回数がにわかに増えたのは、横浜が春夏連覇を達成した98年以降、2000年代に入ってからだ。98年の春夏連覇以降も横浜はその強さを発揮し、激戦区・神奈川にあって毎年のように甲子園に進出。03年センバツで準優勝すると、06年春には春夏通算5

回目の優勝を飾っている。

「孫みたいな選手たちと優勝できて、うれしく思います」とは、06年センバツの決勝で清峰（長崎）に21対0という記録的な大差で勝ったあとの、渡辺監督である（以下これも原則として、肩書きは当時）。その後一段落して訪ねたときには、長い時間話をうかがった。

その当時で監督として5回の優勝は、ＰＬ学園の全盛時を率いた中村順司監督の6回に次ぐ数字（２０２１年時点で、大阪桐蔭・西谷浩一監督が7回でトップ）。初めての優勝は、初出場だった73年、45回センバツだ。

初戦では長崎誠の史上初、そして現在までセンバツでは唯一のサヨナラ満塁ホームランが飛び出し、エース・永川英植（元ヤクルト）を中心に、作新学院（栃木）・江川卓（元巨人）らのいたレベルの高い大会を制している。渡辺監督は当時、就任6年目。28歳と、選手たちのアニキといってもいい年代の、若き指揮官だった。

まずは、その初優勝をちょっと振り返ってもらった。

「あの音……あの音がね、いまでも耳に焼きついているんです。私の甲子園初戦、小倉商（福岡）との一戦は、2対2のまま延長に入って13回の裏です。長崎が、門田（富昭・元横浜大洋）君から満塁ホームランを打ってサヨナラ勝ち……木のバットの時代ですし、奇跡ですよ。

そのときの球音が、いまも忘れられないんです。この1勝目、これがなきゃ私の監督人生は始まりません。私の甲子園のスタートだといってもいいでしょう。

長崎は、準決勝の鳴門工（現鳴門渦潮・徳島）戦でも決勝3ランを打っていますが、なんといっても、エースの永川ね。このときは新2年生ですが、入ってきたときからすごかったんです。変化球はからっきしでも、とにかくボールが速くて。すごくきまじめな男で、〝走れ〟といったらいつまでも走っているんですよ。そのうちに、どてっと倒れてしまって。

どうも貧血気味だったようで、まずはたらふく食べさせなきゃいけない。ただねぇ、当時は裕福な時代じゃなく、ささやかな合宿所はあっても食事はせいぜい2品のおかずくらいです。かといって、彼だけにぜいたくをさせるわけにもいきません。それで、ランニングと称して我が家まで来させ300、500グラムの肉や、キャベツをまるごと

1個食べさせる。それでスタミナがついていったんです。

その永川が3試合完投して、決勝が広島商ですね。この年は、とにかくどこの学校も打倒・江川だったでしょう。結局、準決勝で広商が作新学院を倒すんですが、ウチも前年の秋、関東大会の決勝で江川君と当たっているんです。三振を16個取られて4安打完封負けでした。ですから冬の間は打倒・江川、打倒・江川の明け暮れです。とにかく江川君を打たなければ、全国制覇はあり得ないと思っていましたから。

まずはあの速さを体感しなくては話になりません。といってもあのころはマシンがありませんから、18・44メートルの半分くらいからピッチャーが投げる。畳を何枚も重ね、その上から投げさせて角度をつけたりもしました。あるいは、逗子にあったバット屋さんに長くて重いバットを作ってもらい、それを振り込んだり。結局、甲子園で江川君との再戦は実現しませんでしたが、そういう練習が優勝につながったかなと思います。

決勝では、広商がどんな細かい野球をやってくるんだろう、という興味はありました。結局4つ盗塁されていますが、バントを封じたり盗塁を刺したりもしているんです。それよりも、3試合連続完封で、準決勝も作新学院に2対1という軟投派エース左腕の佃

（正樹）君ね。打倒・江川を目指してきたものですから、真っ向勝負のピッチャーは得意でも、佃君のうまさにやられました。9回には達川（光男・元広島）君のブロックで、本塁で刺されたりもしました。試合は延長に入り、決着をつけたのは11回、ふだんはホームランなどまず打たない冨田（毅）の2ランでした」

そして渡辺監督の回想は、監督就任当時に及んだ。

「横浜高校野球部自体は45年に創部し、63年の夏に一度甲子園に出ていますが、これは私の1年あとの年代。自分の時代は神奈川の準決勝で負けていますから、初出場したとき、一人で甲子園に見学に行ったんです。ちょうど芝の手入れをしていたのか、係員の方がグラウンドに入れてくれまして、初めて足を踏み入れました。外野のフェンス沿いをじっくりと歩いて、ああ、この看板とこの看板を結んだところに守らせようとか、マウンドにも立ってみまして、けっこう感激しましたね。

私自身は高校卒業後神奈川大に進みましたが、2年のときに肩を痛めて野球を断念しました。プロ野球選手という夢どころか、プレーすることさえままなりません。荒れましたね。車を乗り回し、酒を飲み、ケンカをし、大学も中退し……自暴自棄の日々でした。

そんなときに誘われて、母校のコーチになったのが65年です。監督になるのは68年秋でしたが、なかなか甲子園には手が届かず、〝やっぱり渡辺じゃ難しいな〟などと言われました。

最初のうちは指導理念なんてないようなものです。ただ厳しい練習、日本一長い練習をやれば日本一になれるというのが漠然とした信念で、細かい技術を教えるよりも、スポーツの世界は根性さえあればいけると信じていました。ライバルよりも厳しくやればいいんだ、という単純な理念ですね。

それといまにして思えば、自分はこの道で生きていかなきゃならんというような切迫感があり、選手というのはそのためのひとつの道具だったんです。監督というのは、ハッキリ言えば自分が生きていく、生活していくための職業でしょう。なんらかの実績をつくりたい、つくらなければならないという思いだけで、選手を指導するという感覚はまるっきりなかったですね。自分にとっては勝つことが大事で、選手を鍛えるのは結果を出すため、という……。

だからとにかく、日が落ちてからは車のヘッドライトの中で夜中まで長い時間やったり、ボールに石灰をまぶしたり。あるいは与えた苦痛に比例して選手に根性がつく、というような練習で満足していました。ですから、相当犠牲者もいたと思いますね。負けたら〝走っておけ〟、たるんでいたら〝正座しろ〟、そんなことばっかりでした。それでも優勝できたのは、各自に技量が備わっていたこともありますが、たまたまスパルタ指導に耐えうる選手が集まっていたからだと思います」

ただ、センバツで優勝した73年夏の神奈川では、つまらないミスから桐蔭学園に敗れ、甲子園出場を逃した。さらに74年センバツ、78年夏と甲子園の土は踏んでいるが、いずれも白星ひとつがやっとだった。2度目の優勝は、愛甲猛(元ロッテほか)がエースだった80年夏まで待たなければならない。

「センバツ初出場優勝のあと、まったくの壁にぶつかりました。スパルタでいいじゃないかと思いつつ、もうひとつ壁を突き破れない時代が続いて、自分が変わらなければ選手もうまく指導できないのでは、もっと勉強しなければ……と思い始めるんです。

そこで32歳のときには教員免許を取得し、また横浜の百人の会という団体の末席に置いていただき、異業種や違った分野の方々と交わって話を聞いたことは大きかったですね。白幡憲佑さんら高僧の説教を受けたり、個人事業主の方と話したり。白幡さんを通じて知り合った山口良治(伏見工[現京都工学院]ラグビー部元監督・ドラマ『スクール☆ウォーズ』のモデル)なんかは、いまでも兄弟づき合いをしています。

そういう勉強によって、野球を見る視野が広がったといいますか。まずはスパルタから脱皮して、選手の気質を把握するということに全力を注ぎました。もちろん、技術的な指導はちゃんとやるんですが、ウチの学校はどうもやんちゃな性格でしたから(笑)、そういう環境からいえば、選手のハートをどうつかみ、いかにやる気を起こさせるかが大切でした。

選手の気質というのは、時代や環境によって180度違います。たとえば初めての優勝のときは、テレビゲームもなにもない時代で、遊びといえば野球をやるしかなかった子どもたちでした。年齢が近かったせいもあるでしょうが、監督と選手も人間の、ハートとハートとしてのつき合いでした。ものすごい厳しさもありながら、厳しいなりにお互い同じものを目指しているという連帯感があった。監督と選手という立場を越えて、生徒から私に直接、なんでもかんでもコミュニケーションをとってきましたしね。その点、いまはIT時代の子というか、核家族の子というか親子間、あるいは友人間でさえ会話が少なくなり、勝ち組・負け組という言葉のように、まずは自分だけよければいいという風潮があります。スポーツをやっている子の間には、昔ながらのハートがあるのかもしれませんが、僕らにはそれが映ってこないですね。対話というのが非常に薄く見えるんですよ。それは、昔のほうが濃厚でした。野球の質というのは今も昔もそんなに変わらないと思いますが、人が変わってきているから、その人をどう動かすか……というほうが難しいですね」

そういう、世代によってまるで異なる気質の高校生をどう動かすのか。

ひとつの山を登っても、次回の登山が同じ方法で成功するとは限らない、というのが渡辺監督の考え方だ。一度優勝した方法が、もう一度通用するわけじゃない。荷物を詰め替え、登攀《とうはん》ルートを入念に検討し、高度馴化《じゅんか》して万全を期しても、次の山は気象条件も違えば登る人間も違う。人は、成功体験に依存すると楽だが、同じやり方では、前回以上のことは決して成し遂げられない。

「ですから振り返ると、5回それぞれの優勝に、そのときの指導方法がうまく当てはまっていたんじゃないでしょうか。人間は、ひとつのことを成し遂げますと、その手法を継続していきがちです。成功すると、自分を変えるということがなかなか難しいんです。野球でいうなら、自分の基本的な理念と成功体験がつきまとい、それを土台にしてのチームづくりから脱却しきれない。僕の場合は、たまたま成功体験を排除しながら変化できたんですが、それがよかったと思います。ことに高校野球の場合、1年ごとに別のチーム、別の人間を預かるんですから、同じようにいくはずがないんです。28歳のときの初優勝と、60歳を過ぎた06年のセンバツ優勝は、違っていて当然ですね。

たとえば自分の手法、信念で、地位を築いた経営者の方が、バブルがはじけたあとや、長引いた不況の時代に、いつまでも自分の手法にこだわっていては生き残れませんよね。進化論と同じく、変わっていく環境に対して変化した種が繁栄するわけです。野球も同じです。うまくいったな、これなんだな、と手応えがあったと思うと、別のチームで子どもたちが違えば、また違うんですよ。

松坂(大輔・西武ほか)のときは、結成以来公式戦44連勝というパーフェクトなチームができました。あのチームは、完璧にできたんです。個人の能力はもちろん、あらゆるチームプレー、チームワーク、モチベーションの高さも、厳しさも、選手同士の関係まで、非の打ちどころがないほどでした。そうでなければ、夏の甲子園で3試合続けてドラマが起こるなんて、あんなことはありませんよ。となると、なんらかのチームづくりの手法が確立できたと思うでしょう。でも、1学年下のチームはもうまるっきり別物なんです。

ですから、あえて結論的なことをいえば、つねに社会の変動をしっかりと把握して、その中で育った子どもたちの性格というものをきちっと理解しながら教えていかないと、難しいのかなと思います」

確かに、史上5校目の春夏連覇という結果はもちろん、〝パーフェクト〟なチームだった。

97年秋の明治神宮大会を制し、98年センバツもV。春夏連覇がかかった夏も、準々決勝はPL学園と延長17回の死闘、準決勝は明徳義塾（高知）に残り2イニングから6点差を大逆転し、そして決勝は松坂が京都成章をノーヒットノーランのミラクル3連発だ。

おまけに地元・神奈川国体も制し、前年の神宮大会から通じて高校四冠。史上初の偉業は、今後もおそらく破られることはないだろう。

では、である。あのときの横浜は、いかにして〝パーフェクト〟なチームになっていったのか。松坂世代が高校生だったあのころに、タイムトリップしてみよう。

１年ごとに別のチーム、別の人間を預かる高校野球では同じ指導法は通用しないという渡辺元智元監督。「松坂のときは、個人の能力はもちろん、あらゆるチームプレー、チームワーク、モチベーションの高さも、厳しさも、選手同士の関係まで、非の打ちどころがないほどパーフェクトなチームができた」と語る

第一章

公式戦無敗の始まり

1997年8月～1998年4月

44連勝は、ひとつの負けから始まった

1998年。いや、正確には97年秋の新チームから98年、横浜高校野球部は公式戦無敗の44連勝を達成した。

なんとも破天荒な偉業である。松坂大輔(西武)らが最上級生になったチームは、ほかにも捕手・小山良男(元中日)、一塁手・後藤武敏(元西武ほか)、外野手・小池正晃(元横浜ほか)ら強力なメンバーをそろえて秋の神奈川県大会、秋季関東大会、明治神宮大会、98年にはセンバツ、春季神奈川県大会、春季関東大会、選手権東神奈川大会、夏の甲子園をことごとく負けなしで制覇。

おまけに、地元・神奈川で開かれた国体でも優勝して、つまりこの代のチームは、なんと公式戦を負けなしで終えたのである。

年間四冠という、大偉業。ちょっとまどろっこしいが、44試合を列挙してみる。

▽97年秋季県大会　11―1市ヶ尾　10―0氷取沢(現横浜氷取沢)　14―4鶴見工　4―

3藤嶺藤沢　14—0茅ヶ崎西浜　8—4東海大相模　7—1川崎北　7—1横浜商　9—0日大藤沢▽秋季関東大会　11—1水戸商（茨城）　9—0浦和学院（埼玉）　2—1日大藤沢

▽明治神宮大会　5—1豊田西（愛知）　5—2国士舘（東京）　5—3沖縄水産

▽98年第70回選抜高校野球大会　6—2報徳学園（兵庫）　3—0東福岡　4—0郡山（奈良）　3—2PL学園（大阪）　3—0関大一（大阪）

▽春季神奈川大会　10—0柏陽　12—2川崎北　4—0慶応　4—0横浜商　17—8東海大相模

▽春季関東大会　3—0埼玉栄　1—0八千代松蔭（千葉）　6—5坂戸西（埼玉）　1—0日大藤沢

▽第80回全国高校野球選手権東神奈川大会　6—0神奈川工　10—0浅野　10—0武相　12—0鶴見工　25—0横浜商大高　14—3桐光学園

▽第80回全国高校野球選手権大会　6—1柳ヶ浦（大分）　6—0鹿児島実　5—0星稜（石川）　9—7PL学園（南大阪）　7—6明徳義塾（高知）　3—0京都成章

▽国民体育大会　3―2日南学園（宮崎）　18―2星稜　2―1京都成章

過去、同一年度の4大大会制覇（神宮大会、春夏連覇、国体）を達成しているのは横浜だけだ。4大大会を含む公式戦無敗も史上唯一で、まあ今後も破られることはないだろう。

2018年には、大阪桐蔭がチームとして2度目の春夏連覇を果たしている。17年秋、根尾昂（中日）らがいた新チームは11連勝で大阪、近畿大会を制したが、神宮大会準決勝で創成館（長崎）に敗れて連勝は12止まりだった。

だが翌18年にはセンバツ、春の大阪、春の近畿大会、選手権の北大阪、そして甲子園とすべて優勝で27連勝。天候不順で4校優勝扱いだった国体でも2連勝だから、公式戦41勝1敗で、なんとも惜しい。もし神宮大会も優勝していたら、横浜に続く年間無敗の4大会制覇となるところだった。

じゃあKKのいた85年のPL学園はどうなんだ、ということになるから単純比較はできないにしても、98年の横浜は、最強世代の大阪桐蔭よりも強かったかもしれない。

その最強の横浜は、実はひとつの負けからスタートしている。

97年夏の、神奈川大会。エース・松坂が四番を打ち、ほかにも小山、小池ら2年生がレギュラー7人を占める横浜は、春の県大会で準優勝、関東大会では神奈川の決勝で敗れた桐蔭学園を下して優勝し、優勝候補の有力な一角だった。

だが、その年のセンバツに出場している横浜商との準決勝。2対1と1点リードで迎えた9回、同点に追いつかれてなおも一死一、三塁だ。打席には左打者。スクイズを警戒してウエストした松坂のボールが三塁側に大きくそれ、サヨナラ暴投となってしまう。

準決勝敗退――。

90年代の横浜といえばそこまで、春夏6回甲子園に出場しているものの、初戦負けが4回で勝ち星はわずか2。矢野英司、多村仁、紀田彰一（いずれも元横浜ほか）らがいた94年センバツは1勝、夏は初戦負けなど、優勝候補に挙げられた年でも、なんとももどかしい結果が続いていた。

この横浜商との準決勝は、相手の5安打を大きく上回る14安打ながら、13残塁という拙攻が響いてのサヨナラ負け。スタンドからは「渡辺もう辞めろ、オマエの時代は終わった」という心ない声が、渡辺監督に浴びせられたという。

「愛甲たちの時代から胃潰瘍や、十二指腸潰瘍をやってきましたが、このときはストレスでしょうか、心臓に負担がかかって心房細動が再発し、そのまま入院したんです。53歳になる年でしたが、そろそろ潮時かな……と気弱にもなったんですね。

ですが松坂を中心に、2年生主体のチームがそのまま残るわけです。その松坂らが、試合後のベンチで号泣していた。マスコミの目をはばからず、〝3年生に申し訳ない〟と悔し涙を流していたんです。そして、3年生たちが〝来年頑張れ!〟と、泣いている彼らを励ましてくれていた。その姿を見て、〝もう一度やってみよう〟と思い直したわけです」(渡辺監督)

松坂にとっても、この負けは大きなショックだった。初めて取材したとき、こんなふうに答えている。

「甲子園には、行くのが当たり前だと思っていましたから。それよりも、3年生に申し訳なくて……」

出直しを図るチームは小池正晃を主将に任命し、8月、群馬・月夜野で合宿を敢行した。1日9時間、小倉清一郎部長の激しいノックでは、過呼吸で何度も倒れる選手など、故障者が続出した。それでも横浜商戦の屈辱が脳裏に鮮明に焼きついていたナインは、不平不満ひとつ言わずについていく。のちにナインの間で「地獄の月夜野」と語り草になったほど、それはそれはハードな日々だった。

ここから、チームは大きく変わっていく。渡辺監督は言う。

「松坂を中心にした個性派集団。個々の力だけを見れば、夏の甲子園で優勝した愛甲（猛）のときのチームより上だったでしょう。しかし97年の夏は、その力だけで相手をねじ伏せようとしていた。それで失敗したんです。

確かに松坂がいて、シニアリーグで全国優勝経験を持つ選手がいて、いい素材に恵まれてはいました。だけどピッチャーなら三振を取りにいこう、打者ならオレの一発で決めてやろうという意識があまりに強すぎた。

それ自体はいいんです。自らを高いレベルに持っていく原動力ですから。でもその高いレベルが、バラバラに孤立していてはダメなんですよ。なによりも痛切に感じたのは、選手たちにチームプレーに対する意識が欠けていたことでした。

ですがあそこで負けたことにより、どうすれば勝てるか、勝つためにはなにが必要か、みんなが考えるようになった。そして辛い合宿を経て一体感が生まれ、チームが変わっていくんです」

松坂は、神奈川大会敗退の翌日から、小倉部長のもと、一風変わったピッチング練習に取り組んでいた。ホームベースの内外角の隅にボールを置き、10球なら10球をそれに当てるまで投げ込む。

むろん、ベース上のボールに命中するとなれば、判定はボールである。ただ松坂の悪癖は、力むと体が開いてボールが浮き、シュート回転すること。横浜商戦の暴投もそこに原因があると踏み、それを矯正するために考えられたものだ。

最初は全然当たらない。それはそうだ、野球を始めてこの方、そこに投げる練習などやったこともない。それが、まぐれでも100球に1球当たり、やがて30球に1球、10球に1球……と確率が上がっていく。

そうするうちに自然に体の開きも抑えられ、さらに球を低めに集めるコツも体に染みこんだ。ストレートだけではない。カーブ、フォークでも命中する。松坂が、ストライクならいつでも取れると自信をつけたのはこのころだ。

「それまでは1試合に7つも8つもフォアボールを出して失点していたのが、ピッチングを覚えましたね」と言うのは渡辺監督だ。そしてこう続ける。

「永川や愛甲は、入学当初から投手として光っていました。愛甲などは、〝コイツがいる間は、5季連続甲子園に出られる〟と思わせたほどです。それに比べたら松坂は、それほどでもなかった。それが、2年の秋にぐんぐん伸びました。〝もっといいピッチャーに、将来はプロに〟という、野球に対するハングリーさがありました」

１９９６年。横浜に集結した黄金メンバー

渡辺監督は、松坂の入学時を「それほどでもなかった」と振り返るが、名参謀・小倉部長の見方は違っていた。

東京・江戸川南シニアに松井光介（元ヤクルト）の視察に行ったとき、当時中1の松坂を見て「コントロールはめちゃくちゃだけど、球はめっぽう速かった。おもしろい存

在」。その後も追いかけているうちに、球の速さはもちろん、背筋の突出した強さが目についたという。「腕の振りもほかのピッチャーとは違っていて、投げ終えた右手のフォロースルーが背中のほうまで届く。すごいピッチャーになるという予感がしたね」

江戸川南シニアは、1995年の全国選抜大会で準優勝するのだが、そのとき決勝で敗れた相手が神奈川の中本牧シニアだ。メンバーには小山、小池、常盤良太らがいて、決勝では9対2と、松坂をカンカン打ち込んだ。それでも、3人がそろって横浜への進学を決めたとき、小倉部長は、「3年後の松坂は、オマエらが束になっても打てないピッチャーになるぞ」と予言している。

松坂の大輔という名前が、荒木大輔（元ヤクルトほか）にちなむのはよく知られた話だ。早稲田実（東東京）の1年生投手だった荒木が、甲子園で旋風を巻き起こした80年夏。決勝で敗れた相手が横浜だったというのは後になれば因縁めいているが、その決勝から22日後に生まれた松坂に、野球好きだった母・由美子さんが命名した。

野球との出合いは5歳のとき。父・諭さんが所属していた軟式野球チームの試合についていき、大人に混じってバットを振っていた。そのころからは剣道を習い始め、小学

３年まで続けるのだが、小倉部長がピンときた背筋の強さはその経歴からきているのかもしれない。

だが、学童野球でプレーする友だちから話を聞き、「野球をやりたい」と剣道から方向転換。これは想像だが、野球好きの両親にとっては「待ってました」という感じだろう。ほどなく松坂は、甲子園のテレビ中継に釘付けになるくらい、野球に夢中になった。

中学で江戸川南シニアに入ると、ポジションはおもにサードか外野で、本格的にピッチャーに取り組んだのは上級生になってからだ。それでもすぐに関東大会で優勝し、全国選抜大会に出場。その決勝で敗れたのが、中本牧シニアというわけだ。

その後松坂は、シニアの全日本代表メンバーとしてブラジルに遠征する。ここで、やはり代表メンバーだった小山らが横浜に進学すると知り、「コイツらと一緒なら、甲子園に出るだけじゃなく全国制覇も夢じゃない」と、自分も横浜への進学を決意。一説によると、東京の強豪・帝京に傾いていた路線からの変更だという。やはり全日本のメンバーだった静岡・浜松シニアの後藤も、そこに加わった。

後藤は当時から評判のスラッガーで、のちにそろって中心選手となる小池などは「横浜に入って打撃練習を見たとき、後藤はバケモノだと思った」ほど。現に、松坂らがアルプスで見守った96年夏の甲子園では、1年生ではただ一人ベンチ入りし、代打での起用だったがヒットも放っている。

その後藤は、こう話す。「僕のほうこそ、中学時代から雑誌に載っていた小池や小山は雲の上の存在でした。それと、松坂。入学したときには、目を疑いました。中学時代に対戦したときには、確かに球は速いけど豪腕というほどではなかったのが、高校では〝こんなに速かったかな〟と見違えるようなボールを投げていましたから」

どうやら小倉部長の予言は、この時点から的中することが決定づけられていたようだ。もっとも、内野を守る斉藤清憲によると、「松坂はスピードはハンパじゃなかったけど、コントロールがめちゃくちゃで。たまに打撃練習で投げてもらっても、デッドボールをぶつけられたり」だったのだが。

渡辺監督も、入学してきた松坂に対しては、「その時点では永川、愛甲が数段上で、さほど目立たない」という印象だった。

「小倉部長からは〝スピードはあるがノーコン。肥満体でもあり、海のものとも山のものとも分からない〟ということだったため、あまり私の記憶には残っていなかったんです。期待の選手なら、愛甲がそうであったように1年生のうちから抜てきし、登板機会も与えますが、松坂は当初は戦力に計算していませんでした」

そのころは練習時間にもかかわらず、寮の掃除当番に回ることもあったとか。後藤が1年生で出場した96年夏の甲子園でも、松坂はアルプスでの応援組。経験のためにチームに帯同こそしたが、ストライクがまともに入らないとあっては、練習での打撃投手も務まらない。

ただ、6月に行われたBチームの試合で、厚木東のレギュラーを相手に3イニング打者9人から8三振を奪った。渡辺監督の記憶にある限り、これが松坂の高校デビュー戦だという。コーチからの報告に、渡辺監督も「ひょっとしたら……」と可能性を感じたのだろう。まずは、ぽっちゃり体型の改善計画がスタートする。

1年生に科される基礎体力づくりメニューが終わっても、松坂だけは、先輩投手の仲間に入り、小倉部長の容赦のないアメリカンノックを浴びた。足腰を強くし、余分な脂肪を落とすためだった。松坂は上級生と同じメニューを一つひとつこなしていく。

新チームで迎えた秋の県大会。東海大相模との準決勝で、渡辺監督は1年生の松坂を先発させた。勝てば、翌年センバツ切符のかかった関東大会進出が決まる。横浜は96年の春夏と甲子園に出場しており、3季連続出場を目指すには大事な一戦だった。

だが、1年生が5人スタメンに名を連ねたこの試合は延長11回、6対8で敗戦。「勝っても負けても、1年生の多いこのメンバーで戦いたかった。辛抱して度胸をつけさせないといけない。それだけ期待している」と渡辺監督は語ったが、松坂は四球が多く3回途中で降板。サードを守っていた後藤もエラーを犯し、チームは関東大会出場、つまり3季連続の甲子園出場を逃すことになる。

松坂が頭角を現すのは、2年の春からだ。エースナンバーを背負い、春季関東大会では連投となった前橋工（群馬）との2回戦で延長11回を力投。189球を投げて4対3で勝利した。決勝は、県大会で負けた桐蔭学園との神奈川決戦となり、松坂は救援で3イニングを無安打。10対7の勝利に導く。まだ好不調の波は大きくても、大事な試合で結果を残すなど進歩は明らかだった。

とはいえ、球は速くても相変わらずコントロールが定まらない。登板しても三振か四死球とヒヤヒヤで、まだまだ安定感とはほど遠い。

１年の秋からマスクをかぶったのは小山だ。だが、なぜかパスボールが多い。松坂以外の投手だとうまくいくのだが……と渡辺監督は首をひねったが、実はその時点で150キロに迫るほど、松坂のボールが速くなっていたのだ。とはいえ、まだボールが暴れる。それが、パスボールの原因だった。

小山の特訓が始まった。至近距離からの猛ノック。危険が伴うので、まずは手前に張ったネットに向けてノックを打ち、打球をしっかり見ることで動態視力を上げていく。それに慣れ、恐怖心もなくなったところでネットを外し、これを捕球する。このころの小山の体は、いかに防具をしていたとしても痣だらけだっただろう。

そこまでやっても……97年神奈川大会の準決勝、横浜商戦のサヨナラ暴投は捕れなかった。

怪物、覚醒す

「あの敗戦後、ものすごく変わりましたね」

こう1997年夏の準決勝敗退を振り返るのは、横浜中・高校の保健体育科・池田幸一教諭だ。野球部が愛甲で夏の甲子園を制覇した80年、横浜高2年だった池田先生は、1学年上の山本博さん（ロス五輪銅、アテネ五輪銀メダリスト）とともにアーチェリー団体でインターハイを制覇。日体大卒業後は母校に赴任してアーチェリー部を指導し、アテネ・北京両五輪では女子チームのコーチを務めた名指導者だ。

松坂らの在学時は、体育実技の授業を通じ、親交があった。97年夏の神奈川大会準決勝は、「松坂の最後の暴投が大きく外れるところ」を目の前で見ていた。池田先生は言う。

「歴代の野球部員を見てきましたから、何かのきっかけでガラッと変わる、ということをよく目にしてきました。たとえば松坂の2学年上、松井らの年代は、95年の夏にエース候補だった丹波（慎也さん）が急逝するでしょう。松井や阿部（真宏・元近鉄ほか）、幕田（賢治・元中日）らはそれまで、授業ではワイワイと騒ぐようなヤツらだったんですが、夏休み後は見違えるように集中力が増していた。おそらく、丹波の死をきっかけに一大決心をしたんでしょう。ああ、コイツらは絶対に甲子園に行くだろうと思ったものです」

夏休み明けの9月の授業では、そのときと同じ空気を松坂、小山、後藤、小池らから感じたという。

「松坂がハンドボールを45メートル投げたり、ソフトボールをやれば後藤らがとんでもない当たりを飛ばしたり、彼らのずば抜けた運動能力は知っているつもりでしたが、体育の授業に取り組む姿勢がすごく一生懸命なんです。手を抜かない。それと、松坂、小山、後藤、小池の4人はつねに一緒にいた印象がありますね。仲がいいのもありますが、おそらく新チームでは自分たちが中心でやらなければという自覚があったのでは」

これは後の話になるが、98年のセンバツを前にした2月、剣道の授業で松坂は、右足親指の根元がずるむけになるほど真剣に取り組んだという。軸足なのに、センバツは大丈夫か……と青くなる教師たちを前に、本人は涼しい顔。おそらく、かつて剣道に取り組んでいた少年剣士の血が騒いだのだろうが、それほどひたむきに目の前のことに全力でぶつかるのだ。

松坂だけではなく、そういう姿勢が新チームでの地獄の月夜野合宿を耐えさせたのだが、小倉部長でさえビックリしたのは、松坂の底知れないスタミナだ。

「ピッチャーの練習では、アメリカンノックをかなりやる。ライト側からレフト側へ、レフト側からライト側へフライを追って走るメニューだけど、一番すごかったのは月夜野合宿のときだね。4本に1本捕れるかどうかぎりぎりのフライを50本捕れるまで続けるんだけど、松坂は延々4時間、距離にしたら60〜70メートルを全力で走り続けた」

フィールディングの動きなどから、身体能力の高さは想定していた。それでも、通常はすぐにネを上げるこのアメリカンノックを涼しい顔でこなした松坂の体力には、あきれるしかなかったという。もっとも松坂はのち、「もう一度やれと言われてもできない」と苦笑していたようだが。

松坂の恐るべき体力については、選手たちも痛感していた。横浜では、練習の仕上げに通称〝長浜ダービー〟という恐怖のランメニューがある。ホームからスタートし、外野のフェンス沿いを走って規定時間内にホームに戻ってくるもの。これを何本かクリアしないと練習は終わらないのだが、そもそもみっちり絞られたあとだから、ノルマをこなすのは容易ではない。「それでも松坂は、ノルマを軽くクリアするんです。自分たち野手とは別メニューでたっぷり走り込み、個人ノックまで受けているのに……どれだけの体力なんだ、と思いました」と後藤は語っている。

８月上旬の月夜野キャンプは大成功だった。練習内容も、集団生活による一体感の醸成も。練習試合では翌年のセンバツに出場する強豪・創価（東京）を相手に10対０で快勝。この試合で松坂は、６回までに10三振を奪った。

そうやって秋の大会を迎えたから、順調にいくはずだった。だが、勝ちはしたものの８月下旬の地区大会ではふがいない戦いぶりがあった。９月には、練習での無気力ぶりに渡辺監督が激怒。血圧が上がったのか、渡辺監督は突然気分が悪くなり、激しい不整脈で入院を余儀なくされることになる。

藤嶺藤沢との県大会初戦は４日後。試合前日の６日には、小倉部長が見舞いがてら病院に行き、「明日の試合は何としてでも指揮を執ってほしい。オレは監督じゃないぞ」

と直訴した。渡辺監督は、点滴を打っていた病院を半ば強引に抜け出して采配を振ることになる。

その藤嶺藤沢との一戦は苦しい展開となった。松坂は6回までパーフェクトピッチングを続け、3対0とリード。だが7回にエラーでの走者が三塁に進むと、走者が見せたホーム突入のカモフラージュに対して、マウンドの松坂が過敏に反応。必要もないのに勝手にウエストし、暴投で点を献上する。

横浜商にはその暴投で敗れたのを忘れたのか。しかも、ウエストはベンチからのサインで行うはずなのに……病み上がりの渡辺監督が歯ぎしりする中、なんとか4対3と1点差で勝利すると、そこからは引き締まった。東海大相模に8対4、準決勝では横浜商に7対1、決勝では日大藤沢を松坂が11三振で9対0の完封。横浜が秋の神奈川を制するのは4年ぶりだった。

「このチームが本当に目覚めたのは、秋季県大会初戦の藤嶺藤沢戦だったと思いますね。松坂がまた暴投して瀬戸際まで追い込まれ、負けてもおかしくないこの試合で、チームワークの大切さを再確認したと思う」とは渡辺監督だ。またこの間には、キャプテンを小池から小山に交代させている。我は強くても、小山にはチームを率いるリーダーシップを期待してのことだった。

藤嶺藤沢戦以外は神奈川を悠々勝ち抜き、関東大会に進んだ横浜。翌年に予定されているかながわ・ゆめ国体のリハーサル大会として、神奈川での開催だった。

地元・神奈川の1位校としてシードされた横浜は初戦、水戸商（茨城）との準々決勝に勝てばベスト4進出で、翌年のセンバツ出場が有力となる。この大事な試合は、松坂が6回を4安打無四球1失点、後藤のホームランなどで11対1と大勝した。

夏休みの練習試合では松坂がけっこう打たれた浦和学院（埼玉）との準決勝は、9対0の7回コールドを1安打完封。県大会決勝の再現となった日大藤沢との決勝は、延長10回を1失点で切り抜けた。

松坂が3日間、23イニングを一人で投げ抜いたのは、さすがに体力自慢だけのことはある。それもトータルで被安打8、24三振、自責点2という素晴らしい内容。圧巻だったのは浦和学院戦で、5回二死までノーヒットを続けていた。

「試合前は完全試合を狙っていたんですが、初回いきなり先頭にフォアボールでしたから、ノーヒットノーランに軌道修正しました。結局は完封止まりでしたけど」と松坂、なかなかのビッグマウスぶりを見せている。松坂はこの後も、あえて大きな目標を宣言し、それを自分のエネルギーに変えていくようになった。

関東大会を制し、翌年のセンバツ出場を確実にした横浜は、第28回明治神宮野球大会にも出場した。毎年11月に開催されるこの大会は、大学の部と高校の部があるトーナメント。70年、明治神宮鎮座50年を記念して行われた奉納野球が始まりで、最初は大学野球のみだった。

高校野球が加わったのは73年の第4回大会からだ。当初は北海道、東北、関東、東京、東海、北信越、近畿、中国、四国、九州から1校ずつの10校が出場していたが、かつては現在のように、すべてが秋季地区大会優勝チームとは限らなかった。開催時期の兼ね合いで、所属県の持ち回りで県大会の3、4位チームが推薦出場する地区もあり、色合いとしては親善試合に近い。大会の位置づけとしても、さほど重要ではなかった。

82年からは出場8校に縮小。北海道・東北、中国・四国からは隔年の出場になり、西日本では「寒いから行きたくないんよ」と冗談交じりに話す監督もいたくらいだ。

だが96年には、８校すべて地区大会優勝校が出場し、大会の重要度がグンとアップする。２０００年からは秋季地区大会優勝10チームの出場と規定され、文字通り秋の日本一決定戦となった。この97年にしても、出場８校のうち７校が地区Ｖ校だから、ほぼ同格といっていい。

松坂はこの大会でも11月16、17、19日と３連投。豊田西（愛知）には１失点、国士舘（東京）には２失点（自責０）、新垣渚（元ソフトバンクほか）のいた沖縄水産との決勝は３失点（自責１）でいずれも完投している。豊田西からは14、国士舘からは11個の三振を奪い、最速は１４８キロに達した。

松坂はすでに、全国レベルの相手から二ケタの三振を奪うドクターＫとして決勝では１５０キロをマークし、「平成の怪物」と呼ばれるようになる。この大会に出場していた明徳義塾（高知）・馬淵史郎監督は、松坂を実際に見て、「あれはバケモンやぞ。スピンが違うたね」と舌を巻いていたものだ。馬淵監督はその時点で、松坂と同学年の藤川球児（高知商・元阪神ほか）の火の玉ストレートを見ているわけだから、ある意味藤川以上というお墨付きともいえる。

またこの神宮大会で大暴れしたのは小池で、豊田西戦で左中間に特大アーチを架けると、国士舘戦では2打席連続弾と計3本塁打。「関東大会では調子が悪く、代えられるかと思ったほどでしたが、バットを軽めにしたら振り切れるようになりました」という活躍ぶりだった。

横浜はこうして、97年秋の公式戦を15連勝。松坂はそのうち14試合に登板して完投12、うち完封が3。107の投球回を大きく上回る132個の三振を奪い、防御率は1・01だった。2本塁打、チームトップの打率・447も目を引き、打つほうでもチームの中心だった。

投手としては、松坂にかなわない

横浜の1998年は、1月3日のスキー合宿から始まった。センバツ出場が濃厚なチームは、不慮のケガを避けるため、たとえば学校行事としてのスキー旅行などを回避することもあるが、渡辺監督はこう考えた。

「関東、神宮という高いレベルの大会を制し、松坂ら選手一人ひとりの技術、力強さは証明されました。ではこの段階で、なにが大切か。それは心構えと精神面、チームワークの育成だろう、と。そこで考えたのが、夏に地獄の思いを味わったあの群馬・月夜野町での合宿でした」

正月返上の、4泊5日。近くにはスキー場がたくさんあり、日中はゲレンデで体を動かす。スキーがうまかったのは小さいころに経験がある小池、常盤らで、松坂もさすがに飲み込みが早かったという。

下半身を鍛えるため、リフトを使わず自力で傾斜を登った。ずるずると後退してしまう者もいて、後藤などはゲレンデに大の字になり、爆笑を誘った。ふだんの練習中ではあり得ない笑い、そして夜は和気あいあいと温泉につかる。そういう非日常で絆が強まり、チームに一体感が生まれていった。

前年秋からの右ヒザ痛が左ヒザまで及んだ松坂は、2月まで走り込み不足が懸念されたが、トレーニングに汗を流して下半身強化に努めた。渡辺監督が競輪選手の太ももを見て思いついたという自転車こぎも、トレーニングに取り入れた。そして1月31日には、

第70回記念として36校のセンバツ出場校が発表される。神奈川からは横浜と、関東大会決勝で戦った日大藤沢のアベック出場となった。

大会前の3月11日から横浜は、平塚で1週間のキャンプを行った。夏、正月の月夜野と合わせ、半年間に3度もキャンプを行うのは異例のことで、それだけこのチームへの思い入れが強かったということだろう。

松坂は2月、体育の授業で右足親指の付け根を負傷し、しばらくは投げられなかったが順調に回復。甲子園前の練習試合では、藤代（茨城）に6回を投げて7三振、被安打1。市川（山梨）には最速146キロをマークして1安打完封と、順調な仕上がりを見せていた。

ただ、渡辺監督が「やり残したことはなにもない」と思っていた矢先、とんでもないハプニングが起きた。横浜と同じ住之江ホテル阪神に宿泊している山梨・日本航空の選手たちが、食中毒に見舞われたのだ。センバツの開幕2日前のことだった。

原因は不明。横浜には、体調を崩している選手はいない。だが、「同じ宿舎で同じ物を食べているウチの選手も、これから体調の悪い者が出るのではないか……」。さすがの渡辺監督も青くなったという。もっとものちに、日本航空のアクシデントは外で取った昼食が原因と判明し、横浜勢はホッと胸をなで下ろすことになる。

優勝候補として臨んだセンバツ本番は、雨で1日順延があった3月28日、第3日第1試合（2回戦）の登場。相手は春夏ともに優勝経験があり、前年秋の近畿大会準優勝の報徳学園（兵庫）だ。過去に春、夏の甲子園で対戦し、1敗ずつしている難敵である。大会前は、「センバツでは、大会記録の60三振を狙いたい」と豪語した松坂も、さすがに初めての甲子園で緊張したのか、投球練習の1球目をバックネットにぶつけている。もしかすると、体をほぐすために意図的にやったのかもしれない。

だが、いざ試合が始まれば、そこは怪物だ。先頭打者を空振り三振に仕留めると、5回まで二塁を踏ませずに1安打6三振。疲れが見えた9回、鞘師智也（元広島）の適時打などで2点を失ったが、後藤の先制打含む3安打3打点の活躍もあって6対2と快勝した。

続く東福岡との3回戦では、初戦を完封したエース・村田修一（元横浜ほか）との投げ合いが注目された。5回まで0対0。松坂は7、村田は6個の三振を奪っていたが6

回の横浜は松坂の二塁打で先制。8回には前戦の六番から四番に昇格した後藤がホームランを放って3対0。2安打13三振、三塁を踏ませずに完封した松坂は、「初戦は三振が少なかったけれど、今日はたくさん取れました」。

なおこの試合に敗れた村田が、日本大に進学後、「ピッチャーでは松坂に勝てない。打者で一番になろう」と野手に転向したのはよく知られた話だ。

準々決勝は、前年秋の近畿大会を制した郡山（奈良）との一戦。郡山の森本達幸監督は、選手にこうハッパをかけたという。

「松坂君は、郡山から16三振を取ると豪語したそうだ。絶対三振するな。初球から打っていけ！」

それでも、先頭打者を三振に取った松坂だが、その初回にピンチが訪れた。二死一、三塁。一塁走者の川原大介がスタート。わざと挟まれて、三塁走者の村田創が本塁を狙うダブルスチールだ。捕手の小山が二塁に投げると同時に、村田がスタートを切る。

ハマったか……郡山ベンチが色めき立ったその瞬間だ。ジャンプした松坂が送球をもぎ捕ると、小山に投げ返した。三本間に挟まれた村田はタッチアウト。ナミの高校なら、慌てふためいてまんまと重盗成功……ということもあり得るが、横浜には通じない。松坂にとっては「練習通り」のプレーだった。郡山がこれ以後走者を三塁に進めたのは、エラーがらみの６回だけだ。

さらに松坂と小山のバッテリーは、１回の守備を終えると、「郡山は初球から打ってくるぞ」と、森本監督の策を抜け目なく察知。それなら三振を取るより、初球から打たせようとストライクを先行させ、12もの内野ゴロの山を築いた。力ではなく、投球術で終わってみれば４対０と、５安打で連続完封。「今日は三振（７）より省エネ」という松坂を渡辺監督は、「昨年夏はムキになって速球を続けて打たれたが、甲子園に来て意識が変わりましたね」。

そして準決勝は、ＰＬ学園（大阪）との対戦だ。

ＫＫのいた時代を中心に、優勝６回を経験している中村順司監督は、この大会限りでの勇退を表明していた。横浜の前に行われた準々決勝第１試合では、９回二死から明徳義塾に２対２と追いつき、延長10回でサヨナラ勝ちと、代名詞である〝逆転のＰＬ〟が戻ってきたかのようだった。

この対戦、雨で1日順延。渡辺監督は、「優勝候補と言われた中で試合が続き、精神的な疲労がたまっているかもしれない。主力には恵みの雨」。中村監督は、「相手の松坂君もウチの上重（聡）も、前日に投げているので雨はお互いによかった。松坂君はワンランク上のピッチャー。ムダな点をやらないことを考えています」。

こうして、「なぜかここまでは、対戦がなかった。PL学園は、一度戦いたいチームだったんです。中村さんの最後の大会で、それが実現するとは……」（渡辺監督）という仕切り直しのPL学園との準決勝は、4月7日だった。

中村監督最後の試合で、ついにPLと対戦

PLのエース・上重聡は、大会前の甲子園練習で、偶然松坂のプレーを見たという。

「バント処理だったんですが、フィールディングはもちろん、松坂がセカンドに投げた球がものすごい。野球をやっていて、一番の衝撃でしたね。もう、びっくりした。マンガでいえば、捕球した野手が球の勢いでずるずると後ずさるでしょう。あんな感じです。

マウンドから投げたら、間違いなく150キロは出るだろうなと思いました」

そういえば横浜の後藤は、「一塁を守っていて、松坂が本気でけん制を投げてくると怖いくらいなんですよ」とマジメな顔で語っているが、投球ではなくても140キロ近くのスピードがあるだろうから、確かに怖い。

上重も、松坂というピッチャーが騒がれていることは知っていた。ただ現在のように、動画サイトがあるわけじゃない。新聞や雑誌でそういう知識を得た程度。ヒジと肩の検査のために甲子園を訪れたとき、検査が終わってなにげなくスタンドに出てみると、ちょうど横浜が甲子園練習をしていた。そこで初めて松坂を目のあたりにし、ピッチング以前にまず二塁送球で度肝を抜かれたというわけだ。上重は言う。

「小さいころから、雑誌などで〝すごい〟と言われているピッチャーと実際に対戦してみると、だいたい〝そんなに大したことないやん〟ということばかりでした。ですが松坂の場合は、報道がそのすごさを伝え切れていなかった。松坂のすごさが、記事を超えていたんです。実際に対戦する準決勝の前には、ブルペンで投げているのを初めて見て〝すごい！〟と驚き、マウンドに立ったら〝こらあ、すごい!!〟と、さらにあきれるしかありませんでした」

センターを守る大西宏明（元オリックスほか）も、試合前の松坂の遠投が「低い球筋で、スーッと伸びていった」のを見て、口をあんぐり開けた一人だ。上重が続ける。

「試合が始まり、一番の田中一徳（元横浜ほか）が初回、セカンドゴロに倒れるんですが、信じられないものを見たような表情でベンチに戻ってくるんです。バッターはふつう、凡退しても、チームの士気を高めるために、ウソでも〝いけるいける〟と言うものですが、後続も含め、それすらありませんでした」

田中一はさらに、6回の打席で松坂の怪物ぶりを体感する。一死一塁、ヒットエンドランのサインが出たところで、松坂の投球はほぼ真ん中の真っすぐに見えた。だが、しめた！　と振り出したバットが空を切る。それどころか、ググッと曲がって左ヒザを直撃した。「後にも先にも、あんな経験はありません。とんでもない球でした」と言う、松坂の伝家の宝刀・高速スライダーだ。

4月7日、準決勝第1試合は、稲田学・松坂両投手の投げ合いで5回までゼロ行進が続いていた。だがＰＬは6回、松坂の投球を受けながら田中一が内野安打で出るなど、二死満塁のチャンス。ここで四番の古畑和彦が初球の真っすぐをたたくと、打球は三塁線をきわどく抜ける。2者がかえって、PLが2点を先制した。

捕手の小山が審判に抗議したほど、フェアかファウルか微妙な打球。実は当時の僕のスコアブックには、「全然、ファウルです」という松坂のコメントがメモしてある。とはいえ、審判の判定は絶対だ。

横浜にとっては、入らなくてもいい2点が入り、いやなムードになっても不思議はない。そもそも松坂が先発した試合で相手に先取点を許すのは「記憶にない」と全員が口をそろえるほどなのだ。

焦り。不安。PLに対する畏怖。重圧。ふだんどおりのプレーをするには、はねのけるべきものがいくつもある。だが、動揺しているはずの松坂が続く本橋伸一郎を3球三振にとってベンチに戻ると、「いつもはおとなしくて、なにを考えているのか分からん」(渡辺監督)という横浜ナインに火がついた。

「いつまでもぐずぐず言うな、本当にファウルだと思うならこの試合に勝ってみろ」との渡辺監督の声を背に7回、先頭の加藤重之が二塁打で出ると、PLは稲田から上重にスイッチする。松本勉四球、小池バントで一死二、三塁から、松坂の打球は三塁・古畑へのゴロとなった。スタートを切っていた三塁走者の加藤には、たたきこまれていたセオリーがある。

「背中からボールが来るときには、捕手のミットに向かって走る」

ルールに許される範囲すれすれで、ややフェアグラウンドにふくらみ、三塁手からはミットが、捕手からはボールが見えにくいように走路をとった。すると、狙いどおりに古畑の送球が自分の左肩に当たる。大きくはねたボールがファウルグラウンドを転々とする間に、二塁走者だった松本までホームインした。

同点――。

さらに9回は、連打と敵失の無死一、三塁から、加藤が大きく外したボールに飛びついてスクイズを決める。これが決勝点となり、横浜が3対2でPLをうっちゃった。松坂は5安打8三振で完投。その松坂は、「最近は、優勝候補といわれながら優勝したチームがないので、決勝ではぜひ期待に応えたい」と堂々のV宣言をし、渡辺監督はPL戦をこう回想する。

「このPL戦は印象的です。関東の強豪とは関東大会で対戦しますが、西の名門、強豪と対戦するのは、チームにとってすごい肥やしになるんですよ。かつて甲子園では中京商（愛知・現中京大中京）、東邦（愛知）、広島商、高知、徳島商、県岐阜商、高松商（香川）、箕島（箕島）、天理（奈良）、報徳学園、上宮（大阪）、智弁和歌山、福井商……並みいる強豪、常連と対戦してきましたが、不思議とPLとは初対戦だったんです。

この時代まで、PLといえば特別の存在だったじゃないですか。われわれにしても、PLにどこまで近づけるかを目標にやってきた。しかも、あとを受ける河野（有道）さんには申し訳ないですが、中村（順司）さんにとって最後の甲子園、ということで、ぜひとも監督として対戦したかった。それが両者とも4強まで勝ち上がって、ついに念願がかなうことになりました。

やはりPLは、レベルが高かったですね。9回、加藤のスクイズで勝ち越すんですが、上重君―石橋（勇一郎）君のバッテリーはおそらく、三塁走者のスタートを見てウエストしたと思います。

三塁走者・斉藤（清）のスタートがちょっと早かったのか……。それにしても、その外すタイミングというのが絶妙でした。キャッチャーがあまりに早く立ち上がると、ランナーは自重できるでしょう。その間を見切って、石橋君がアウトハイに構えているんです。ただこのとき、ウエストした相手バッテリーも見事なら、打席の加藤の反応もすばらしい。飛びついて、見事にセカンド前に転がしました」

この試合で敗れたPLナインだが、これを最後に勇退する中村監督を一塁側アルプススタンド前で胴上げした。中村監督といえば、甲子園初采配の81年センバツでは、吉村禎章(元巨人)らがいて優勝するなど、春夏それぞれ3回の優勝があり、通算58勝10敗。なんといっても、勝率・853は驚異的だ。

「吉村らのときは、初戦の前に〝今日は泥んこになってプレーしよう〟と声をかけたんです。そうしたら純情というかなんというか、言葉どおりに受け取って、彼らはファウルグラウンドの土を本当に顔にまぶしたんですよ。勇退するとき、負けて胴上げなんて……と思いながら、ふと気がつきました。そういえば、吉村たちが顔を泥まみれにしたのも、同じ一塁側のファウルグラウンドだったたな……」

中村さんからはのち、そんな話を聞いたことがある。

江夏豊や桑田真澄に匹敵する

第70回選抜高校野球大会の決勝は、好右腕の投手戦が予想された。横浜の松坂は、４試合すべてに完投して36三振の自責４、防御率１・00。関大一（大阪）の久保康友（元ロッテほか）も４試合完投で30三振、やはり自責４の防御率１・00だ。

前日の準決勝の第２試合は、関大一が日大藤沢（神奈川）を破っていた。このときの準決勝２試合は、どちらも大阪・神奈川対決だったわけで、もちろん史上初めてのこと。そしてこの日の決勝も含め、第70回センバツは、クライマックスの３試合すべてが神奈川・大阪対決となったわけだ。渡辺監督は、神奈川決戦も頭にあったらしい。

関大一との決勝は２回、早くも試合が動いた。九番を打つ佐藤勉のタイムリーで、横浜が１点を先制する。この佐藤、準決勝の９回には無死二塁からの送りバントが幸運な内野安打になり、決勝スクイズにつなげたラッキーボーイ。「明日（決勝）も運があればいいけど……」と話していたそれは、まだ続いていたようだ。

横浜は、松坂が初めて三塁に走者を進めた6回、ピンチを迎える。ここで「相手は大横綱。ウチは前頭下位」と尾崎光宏監督が話していた関大一ベンチが勝負に出た。ワインドアップで投げる松坂を見て、三塁走者の中本真教が猛然とスタートを切るのだ。

もし、ここで松坂があわててワインドアップをとき、プレートを外してしまうとボークとなり、中本の生還が認められる。だが松坂は、小山のミットを見ながらも、視界の隅に中本の動きをとらえていた。だからあわてることなく投球動作を続け、クイックモーションで小山に投げ込んだ。

これを見た中本は本塁突入を自重し、結局三本間で挟殺されるのだが、小山は、「松坂は全然あわてていなかった。アイツだけ、別次元で野球をしている」。

横浜はさらに7回、松坂の三塁打や小山の犠飛で2点を追加し、9回最後の守りも二死走者なし。このときファーストを守っていた後藤は、もう泣き出しそうだったという。辛いリハビリの日々が思い起こされて、まだ守備の最中なのに目頭がジ〜ンときていた。

中学時代から鳴らした選手が多いこの年代で、1年からただ一人甲子園を経験した後藤が右足首を骨折したのは、96年の12月だった。冬の間は、焦る気持ちを抑えて上半身の強化を図るしかなかった。

だがそのとき培ったパワーのおかげで、97年秋からの新チームではおもに七番ながら、練習試合を含めて13本塁打を記録した。これは出場全選手中3番目で、1年時からバケモノと呼ばれたスラッガーの復活は、〝影の四番〟とおそれられていた。97年12月には、右足首を補強していたボルトを除去。そうした日々が、めまぐるしく頭をかけめぐった。

「最後は、三振で締めたかった」

エースが、その言葉どおり関大一の大谷重雄を、この大会43個目の三振に斬って取る。後藤は、涙で顔をぐしゃぐしゃにしながら、マウンドへダッシュした。やった、優勝だ！

コイツがいれば、全国制覇も夢じゃない……と後藤が感じていた松坂がそこにいた。

「決勝では腰が張っていて、スピードもキレもなかった」と言う松坂だが、この大会は5試合すべてを完投して3完封。45回で奪った三振は43と、目標としていた大会記録の60には届かなかったが、自責点は4で防御率は0・80と1点を切っている。昭和の時代ならいざ知らず、打力が格段に進歩した高校野球では、傑出した数字だ。

関大一のベテラン・尾崎監督はその松坂を、「江夏（豊・大阪学院大高、元阪神ほか）

や、桑田（真澄・ＰＬ学園、元巨人ほか）に匹敵する」と、過去に対戦した大投手になぞらえた。

もちろん、松坂ばかりではない。キャプテンの小山は言う。

「新聞や雑誌に〝松坂中心のチーム〟とばかり書かれますが、みんなで〝そうじゃない、僕らがいなければ勝てないんだ〟と言い合っていた」

たとえば、報徳戦。宿舎では渡辺監督に丸めた紙を投げてもらい、トスバッティングを続けた後藤が3安打3打点だ。後藤は東福岡戦でも大ホームランを放ち、キャプテンの小山は好リードと、高速スライダーにも対応する捕逸0が光る。ＰＬ戦で決勝スクイズを決めた加藤は、広い守備範囲でも貢献した。唯一の2年生・セカンドの松本は、新チーム結成以来公式戦無失策を継続し、チームは甲子園5試合でわずか3失策……。

松坂は、内野によく声をかけたという。打たせるからな、守ってくれよ――。ひねくれた打球が多くなりそうな球威を考えると、この守備の堅さは驚異的だ。「負ける気がしない」と松坂は言う。これで新チーム結成から、横浜の公式戦の連勝記録は20まで伸びた。

第 70 回選抜高校野球大会、決勝の関大一高戦。最後の打者を空振りの三振に取ると、チームメートがエース・松坂のもとに駆け寄った。5 試合を投げ抜いた松坂は大会 3 度目の完封で横浜が 25 年ぶり 2 度目の栄冠に輝いた

第二章

最後の夏へ

1998年5月〜7月

チーム結成以来無敗で最後の夏に挑む

「夏も甲子園に行きたいか？　春夏連覇に挑戦したいか」
渡辺元智監督のこの言葉に、選手たちは「そんなことは当然でしょう」と言わんばかりに大きくうなずいた。大丈夫だ、センバツの優勝で満足してしまうようなヤツらじゃない。

第70回選抜高校野球大会で優勝した横浜は、春の神奈川県大会でも負けなしで突っ走った。ただ松坂大輔には、センバツの5試合を完投した代償があった。疲労性の腰痛、また受けたマッサージが強すぎて、右足の付け根付近にもちょっと違和感があった。

そのため、センバツの決勝から3週間ほど肩を休めると、県大会準々決勝の慶応戦で救援登板し、2回をピシャリと抑えた。横浜商との準決勝も2回無失点。だが、東海大相模との決勝に久々に先発すると、チームは勝ったものの7回8失点。自責は6だが、これは公式戦44試合中の最多失点となった。しばらく肩を休めていたことに加え、「走り込みが不足して、フォームを崩していたんです」というのは本人の分析だ。

渡辺監督はセンバツ優勝後の虚脱を危惧し、あえて松坂にプレー以外で負荷をかけた。帽子のかぶり方。返事の声。些細なことでも、振る舞いがなっていないと声を荒げたのは、「野球に取り組む姿勢だけは、きちんとさせたい。そうすれば必ずいい結果がついてくるからです」という考えからだ。

渡辺監督には、こんな経験がある。横浜高校は、1942年に創立した旧制横浜中学校がその前身だ。48年の学制改革で横浜高校となるが、85年に中高一貫校になるあたりまではまあ、オブラートにくるんでいえばやんちゃな校風だった。たとえば初優勝した73年センバツの主力にしても、数人は中学時代から〝ワル〟で知られた生徒。渡辺監督によると入学後も、「全員とんでもなくやんちゃなヤツらなんです。たまらずに鉄拳制裁を加えても、2～3時間正座させても、しらっとしているよう問題児が多かったな」。80年夏に、エース・愛甲猛で優勝したころも事情は似たり寄ったり。これはもう時効でしょうが、と苦笑しながら教えてくれたことがある。

「愛甲は天才ピッチャーでした。実際、1年夏の神奈川大会では準々決勝（対柏陽）でノーヒットノーランをやっていますし、甲子園でも徳島商に11三振の2失点ですから。ところがね……甲子園から帰って新チームがスタートし、秋の大会が終わったあと、練習に出てこなくなったんです。寮からも姿を消しました。

1年生から甲子園で活躍し、マスコミに騒がれて自分を見失ったこと。また、上級生からのやっかみもあったんでしょう。そういうのに耐えられなくなった。愛甲の家は逗子にあり、何回か迎えに行ったり、説得もしました。ところが、気持ちは変わらない。もう手は尽くした、しょうがないか、と一時はあきらめました。

そうしたら、警察に補導されたかなにかして、私が迎えに行ったんです。愛甲の場合家庭環境が複雑で、ご両親が離婚し、お母さんが女手ひとつで育てていた。お母さんは保険の外交をなさっていたので、食事の支度などが満足にできないこともあったでしょう。愛情に飢えていた面もあると思います。それで、確か新入生が入ってくる前だから2月か3月と思いますが、我が家で預かることにしました。愛甲と同学年で、やはり1年からレギュラーだった安西（健二・元巨人）もいっしょに住まわせ、なんとか愛甲の心を開くようにしたんです。そこから少しずつ、練習にも出るようになった」

１９９８年といえばすでに平成も10年で、かつてのやんちゃな横浜ではないが、渡辺監督の回想で注目すべきは「マスコミに騒がれて自分を見失い」という部分。精神的にも大人の部分がある松坂には、センバツの優勝でもてはやされ、慢心してしまう心配は少ないとしても、渡辺監督は松坂の生活態度がぶれないように、細心のケアを払いたかったのだろう。

この後、６月に行われた松商学園（長野）との招待試合で松坂がピリッとしない投球を見せたときは「丸刈りにしろ」と命じ、その通りにした松坂を見て、チーム全員が青々とした頭にそろえたとか。

打撃練習中に声をかけた小山に無視されたときには、渡辺監督の怒りが沸騰し、そのまま練習を切り上げて寮に戻った。猛省して謝罪にきた小山に対して渡辺監督が告げたのは、「野球を辞めろ」の一言。それ以外口を開かなかったのは、話しかけた人を無視するのがどれだけ礼を欠くことかを分からせるためだった。

渡辺監督はときに、こうしたムチを使いながら、チームを引き締めている。

松坂の肉体に負荷をかけるのは、小倉部長の役目だ。

「もう一度鍛え直せば、153キロまで出るでしょう」と縄跳び、ダッシュ、自転車というトレーニングメニューを夏の県大会直前まで続けた。復調は急ピッチで、5月には、帝京五（愛媛）との練習試合でノーヒットノーランを達成。14三振、外野への打球もわずか3で、「5回くらいから、甲子園のいいときの投球フォームを思い出した」（松坂）と全開モードに近づいていく。

春季関東大会では、1学年下の袴塚健次と交互に先発しながら、埼玉栄との初戦では先発全員から12三振を奪って3対0の無四球完封勝利。八千代松陰（千葉）との準々決勝は、袴塚が力投し、1対0で辛勝した。準決勝は、やはり袴塚の先発で坂戸西（埼玉）とのシーソーゲームを6対5と制している。

この試合、夏の大会への悪影響を考慮して松坂を温存した渡辺監督は、「負けてもやむなし」のつもりだったとのちに回想している。

「44連勝のうち、もっとも厳しいゲームの1つだったでしょうね。ただ、初回に2点先行され、ひっくり返したあともじりじり追い上げられながら逃げ切った。チーム全体に粘り強さが出てきました」

決勝の相手は日大藤沢。センバツのベスト4だからもちろん力はあるし、前年の秋、県と関東の決勝でいずれも横浜に敗れているから、リベンジへの執念は強い。だが松坂は、館山昌平（元ヤクルト）との投手戦で延長13回を投げきり、1対0の2安打完封だ。奪った三振は19に達し、「18回でも投げられました。20三振にあとちょっとでしたね」。

13回表、横浜の決勝点は一死一、三塁から、松坂の内野ゴロで三塁走者がかえるという渋いもの。渡辺監督は、松坂の投打にわたる勝負強さに、不思議な力を感じるようになったという。そしてそれはのち、甲子園でも実証されることになる。

結局この関東大会の松坂は、2試合22回をわずか7安打で失点0と、健在ぶりを見せつけた。奪三振は31。この大会の優勝で、前年秋からの横浜の公式戦連勝は29まで伸び、負けなしで最後の夏に臨むことになる。

そのころの横浜高校合宿所では、プロ野球の中継を見ながら、「マツ、オマエのほうが速えよ！」「マツなら抑えられるんじゃないか？」「マツのスライダーのほうが、いいんじゃねえ？」などどという声が飛ぶようになっていた。

たとえば、ある投手の速球を、スピードガンが１４５キロと表示する。プロとしては、まあ合格の数字だ。ただ、テレビを通して見るそのスピードは、ふだん横浜ナインが見慣れている松坂のボールに比べて、いかにも見劣りがするのだ。いつも至近距離ですごみを実感しているナインだから、その驚嘆には説得力がある。

そんな逸話を知り、17歳だった当の松坂にぶつけると、こともなげにこう言った。

「速さはそうかもしれませんが、プロとなるとキレとか変化が違うんじゃないですか」

それでは、怪物と呼ばれることはどうですか？

「いやぁ、怪物と言われても、僕は全然そんな雰囲気ないでしょう。顔に怖さがないですから……」

確かに、かつての清原和博や松井秀喜（星稜・石川、元巨人ほか）ほどドスがきいていないし、人なつこく笑うその表情には少年っぽさがまだ残る。威風堂々、憎らしいほど落ち着いているマウンド上とふだんの表情は、ちょっと違っていた。

ブルペンで投球練習する松坂の球を、当時間近で見たことがある。スピードの秘密は、柔軟で強靭なバネだ。背筋力260キロは、高校時代の清原、松井をしのぐ。以前はイヤイヤやっていたトレーニングだが、成果が出てくると意欲的になり、その結果背筋力もアップしたのだ。

たとえばセンバツのときでさえ、前年夏よりも太ももが3センチ太くなり、ユニフォームを特注したという。その後さらにトレーニングを重ねたから、出力にも上積みはあったはずだ。水の抵抗を利用して足腰を鍛えるプール歩行も取り入れたことは、筋肉を柔らかくする相乗効果をもたらしていた。

小学校時代にはソフトボール投げで60メートル、高校ではハンドボール投げで45メートルを記録したという地肩の強さ。鋭く速い腕の振りから投げ分けるストレート、カーブ、スローカーブ、高速スライダー、そしてフォーク……。一緒に見ていたプロ野球のスカウトが言う。

「プロでもすぐに10勝はできると思う。ウチのバッターでもなかなか打てない、という球を投げます」

このとき、なにげなく捕手の後ろからも松坂のボールを見せてもらったのだが、そのスカウトから「危ないですよ。下級生が受けていることもありますから、万が一捕りそこねたら……」と聞き、ゾッとした。

その松坂、そして横浜に、夏がやってくる。

「春夏連覇の可能性があるのは、全国に自分たちしかいないんです」と松坂。堂々と言ってのけるあたり、やっぱり怪物だ。

待ってろよ、松坂！

大阪では、PL学園が打倒・横浜に執念を燃やしていた。センバツでは、守備のミスがからんでの3失点から敗退。稲田学と上重聡の自責点は0なのだから、野手陣は責任を痛感していた。

ことに、同点に追いつかれる送球ミスを犯した三塁手の古畑和彦。三塁走者を走らせ、自分が本塁に投げるケースを繰り返し練習した。鍛えられたチームは、「体に当たればもうけもの」と、構えた捕手のミットをめがけて走るから、石橋勇一郎らの捕手陣も走者に送球コースを悟らせないような捕球体勢を工夫した。

センバツのPLで、2年生として唯一、スタメン出場していたのが田中一徳だ。中学時代は、兵庫・尼崎市の陸上大会で１００メートルを11秒１で走って優勝。無類の運動能力を持っていた。

左打ちに転向したのは、ＰＬ進学後だ。１６５センチの小柄な体で、「上級生がみんな大人に見えました」（田中）。あまりの体力のギャップに、３～４カ月は辞めることばかり考えていたという。

そんなとき、50メートル５秒６の俊足を生かすため、「左で打ってみい」と河野有道監督（当時はコーチ）から左打ちを勧められたのだ。最初は、「トスバッティングでも、ボールがどこへ飛んでいくのか分からなかった」（田中）が、新チームでは一番に定着した。「私の知る限り、あの身長で1年からトップを打ったのは初めてでしょう」と河野監督は言う。

センバツでは18打数7安打。だが、チームトップの打率を残したその田中の非凡さからしても、松坂は「とんでもないピッチャー」だった。１安打はしたがそれは足を生かしたバントヒット。１５０キロのボールを打とうとしても、そもそも１５０キロで動くものを見る機会などそうはない。

「だから、目の前に人さし指を立てて右から左へ動かし、それを目で追ってみたりしました。役に立ったかどうかは、分かりません。でも、とにかく必死でした」

ＰＬの野球部寮・研志寮で、夜中に「コトン、コトン」という得体の知れない音が響いた時期もある。二塁を守る松丸文政が、洗濯乾燥室にこもってボールを繰り返し壁に当て、グラブさばきを磨く音だった。

「ほかのみんなは、エラーしても打って取り返せる。打てない僕は、エラーするわけにはいかない」と、日々鍛錬を積み重ねていたその音だ。もう1回夏の甲子園で横浜とやりたい。そんなふうに、その強い意志をエネルギー源にして、充実した練習を積み上げていく。

投手陣は走る量が増し、全体的な練習のレベルも向上した。練習試合で苦戦すれば、「こんなことじゃ横浜に勝てへんぞ」「あんなピッチャーを打てなきゃ、松坂を打てるわけがない」。これまでだったら満足していた練習内容から、水準が何段も上がった。上重が言う。

「どんなに苦しくて、へばりそうになっても、〝ヨコハマ〟〝マツザカ〟の4文字を思い浮かべると、また力がわいてくるんです。また僕は、松坂の投球フォームをイヤというほど見て、どうすればあんな球を投げられるのか、徹底的に研究しました。それまではＰＬの先輩・桑田（真澄）さんがお手本でしたが、僕の中では松坂がナンバーワンになったんです。

たとえば松坂は、フィニッシュで体の左側をグンッと止めてブレーキをかけ、そこから右腕を走らせる。上半身や、体のうしろ側が強いからできるんでしょう。僕もそれをマネしてみました。だから春と夏では、僕のフォームはだいぶ変わっているはずです。

もっとも、松坂のマネをしたために、腰を痛めたこともありました。左側を止める反動が、腰に負担をかけたんでしょうね。そう考えると松坂は、その負担をものともしないわけですから、どれだけ強じんな体をしているのか……」

もともと、横浜の公式戦無敗が始まった97年秋のＰＬ学園は、「歴代でもっとも弱い」と言われてスタートした。投手の柱がいない。大阪府大会では準々決勝で大阪学院大高に大苦戦し、９回サヨナラの１対０。大阪準優勝で進んだ近畿大会は、準々決勝で郡山（奈良）に３対５で敗れた。センバツに出場できるか微妙な成績だったが、智弁和歌山に初戦勝利したことでぎりぎり滑り込んだ。

その「もっとも弱い」はずのチームが、冬の練習で個々に力がついていく。さらにセンバツでは、勇退する中村順司監督の花道を……との思いを胸にベスト4まで進み、対等に戦った横浜戦で自信をつかみ、そして目標ができた。

センバツ後は春の大阪府大会の準決勝で大阪桐蔭に敗れたが、これは上重を温存し、ケガの田中一を欠くなどいわば参考記録だ。その後の練習試合では柳川（福岡）や柳ヶ浦（大分）といった強豪を破るなど、着実に力をつけていった。

中村監督のあとを引き継ぐのは、コーチとして18年間参謀役を務めてきた河野監督だ。技術屋を自任した中村監督と違い、河野監督は技術的な指導は清水孝悦、藤原弘介両コーチに任せている。

「2人のコーチが指導しやすい環境をつくる、それが私の仕事ですから」と言う河野監督だが、夏の大阪大会開幕のちょうど1カ月前、6月14日には、ひとつの手を打っている。社会人野球の都市対抗予選を見学させたのだ。

例年なら、仕上げに向けて練習に厳しさが増す時期だが、ＰＬ球場が私学大会の開催場所になり、その日はグラウンドを使えない。それなら、と思いついたのがちょうど開催されていた都市対抗予選の見学だ。社会人野球では、都市対抗本戦に出場するかどうかで評価が大きく違う。だからこそ予選では、大のオトナが全力疾走し、ヘッドスライディングし、1球1球に最大に集中し、勝っては泣き、負けては泣く。そういう勝負の厳しさを目にすることで、チームが引き締まると考えた。

「社会人野球では、都市対抗出場を逃したら、1年間の練習がまったくムダになるくらいの気迫でプレーします。それは高校野球でも、あとのない夏の大会の厳しさにどこか通じるものがあるはず」と河野監督。そして実際にＰＬは「夏の大会の厳しさ」を実感することになる。

1998年の夏、全国高校野球選手権大会は、第80回の記念大会だった。通常年でも2校出場する北海道、東京に加え、埼玉、千葉、神奈川、愛知、大阪、兵庫の6府県からも2代表の計55校が甲子園に出場する。

大阪府なら、大阪市のほぼど真ん中を東西に走る中央大通を境に、南北で地区割りされた。センバツで準優勝した関大一は北で、ＰＬは南と2強がうまく散った。それでも南には、ＰＬが前年秋に敗れた阪南大高、あるいは近大付などの強敵がそろう。７試合を勝ち抜くのは、ＰＬといえども決して容易じゃない。

だがＰＬ打線は、初戦から爆発した。４本塁打を含む13安打で貝塚南に15対０の５回コールド。対戦相手が部員不足のため２回戦を不戦勝のあと、河南にも４本塁打を浴びせて10対０の５回コールド。４回戦は浜田大、福島寿雄の２年生新戦力のリレーで城東工（現城東工科）に13対０の５回コールド。準々決勝では大商大堺に初失点するが、８対１の７回コールド。佐野との準決勝は石橋と古畑で２本塁打するなど、26安打。規定で９回まで行ったこの試合のスコアは、22対０だった。

なんとも派手な勝ち上がりである。５試合で68得点１失点。本橋、石橋の３本など、ここまででホームランが12発飛び出し、チーム打率は・４９７とほとんど５割だ。決勝は97年センバツ４強の上宮との対戦となった。こちらも６試合で61得点の猛打が持ち味のチームで、96年夏の決勝の再現でもある。

ところが、壮絶な打ち合いか……と思いきや、ＰＬ打線は上宮・大西康弘の前に、６回まで一人の走者も出せない大苦戦だ。逆に７回、先発の稲田が１点を失う。ようやく大西をとらえたのは8回。２四球から田中一のタイムリー、井関雅也の犠牲フライで2点をもぎ取ると、7回一死から救援した上重がピシャリ。楽勝の連続で勝ち進んだＰＬが、最後の最後にわずか2安打と苦しみながら、「逆転のＰＬ」健在を見せつけた。

「選手たちに感謝したい。中村順司前監督に恩返しができました」と語る河野監督のわきで、選手たちは意を新たにする。

「待ってろよ、松坂！」

7月30日のことである。２日前の28日には、すでに横浜が東神奈川代表の座を手にしていた。

小山の宣誓「生きる勇気と希望を」

神奈川の場合、80回の記念大会による地区分けは川崎市、横浜市が東神奈川、それ以外が西神奈川として2代表の座を争った。ただこの地区割り、川崎・横浜に強豪校が集中していることもあり、２００８年の90回以降、2代表を送り出す記念大会では、できるだけ戦力が均衡になるよう複雑な南北分割となっている。

1998年の地区割りでは、センバツベスト4の日大藤沢、強豪・東海大相模は西に入ったが、横浜のいる東には横浜商、桐蔭学園、慶応などがいる。横浜商は前年、松坂の暴投でサヨナラ負けした相手だし、桐蔭学園はその横浜商を破った前年の代表校。またどのチームも打倒・横浜に手ぐすねを引いているとあって、ダントツの優勝候補とはいえ油断はならない。

他校の監督が「公式戦29連勝の横浜は別格」と戦前から白旗を揚げても、渡辺監督はこう気を引き締めていた。

「神奈川で勝つのは大変なんだ。浮かれるな」

松坂だけでは勝てないのはもちろんのこと、守備、打撃の向上にも力を入れた。そして、一度登頂に成功したからって、次の登山も同じ方法で成功するとは限らない……という持論を検証するように、「登頂に成功した」センバツとは違う打線も試している。一番に俊足の小池正晃、四番に後藤武敏。するとこちらも、PLほどの派手さはないが、ほかを圧倒して東神奈川を勝ち上がった。

2回戦からの登場で、まず神奈川工を6対0。2年生左腕・袴塚とやはり2年の斉藤弘樹、そして松坂が1イニングという継投で13三振を奪った。渡辺監督は、差のある局面での松坂の投入について、「1試合1試合、気持ちを高めてほしい。外野を守っていても、投手であるという自覚を再認識するために投げさせた」と言い、松坂はストレート1本で2三振を奪っている。

3回戦、浅野に10対0（6回コールド）。4回戦、武相に10対0（5回コールド）。松坂は5回を2安打で三塁を踏ませず、打ってもバックスクリーン直撃弾を放っている。そして、ここから正念場という準々決勝以降で、横浜はますます圧巻の力を発揮することになる。

ただ……準々決勝前日には、渡辺監督から手厳しく手綱を締められた。本来、準々決勝が予定されていた7月24日は、天候不順で中止。社会人チームにお願いし、雨天練習場を借りて調整したが、辞去するときのお礼や、先輩選手への挨拶がまるでなっていない。

さらに移動のバスの中で、午後からも練習することに不満そうな選手を見て、渡辺監督の堪忍袋の緒が切れた。

「そんな態度でいるようなら、もう明日の試合には出なくていい。甲子園もあきらめろ」

技術面では心配していない。それよりセンバツのあとは、精神面と日常の生活についてうるさく言ってきただけに、この日の選手たちの挙動が許せなかった。

「勝手に練習していろ」と、渡辺監督が午後からの練習に姿を見せなかったことで、松坂らが事の重大さに気がつく。練習後に学校の監督室を訪ね、平身低頭の謝罪。

もとより渡辺監督としては、本気で「明日の試合は出なくていい」と言ったわけじゃない。

「あと3試合、気をゆるめるな。春夏連覇を成し遂げよう」

謝罪を受け入れながらも、内心は（これで引き締まる）と、してやったりだったのではないか。

その鶴見工との準々決勝では、常盤良太と後藤がホームランするなど、17安打中10本が長打という猛打で7回コールドの12対0。横浜商大高との準決勝は、松坂が7安打で完封し、打線も常盤、後藤、そして松坂のホームランなど27安打でなんと25点という記録的大勝だ。

「球が走っていなかったので、内容は省エネの投球に切り換えました」と言う松坂だが、

１５０キロも記録してわずか90球でこの夏初めて９回を完封。３時間13分の試合でも、マウンドにいたのは30分ほどで、「疲れは全然ありません。間隔が開きすぎると肩が軽くなるのでちょうどいい」と余裕たっぷりだ。打線にも死角はない。２回まで11安打で10得点したが、そこからも打つだけではなくバントや足もからめて、大差にも集中力を欠くことはなかった。

点差が開いても手をゆるめないのは決勝も同様で、桐光学園に14対３。６試合で77得点の３失点……。渡辺監督の「夏の神奈川は厳しい」という懸念をよそに、確かに横浜の強さは別格だった。

２年ぶり８回目の夏の甲子園出場を決めた横浜。前年、横浜商にサヨナラ負けした７月29日からちょうど１年になろうという、98年７月28日のことだった。

むろん、松坂だけではない。この東神奈川大会６試合で後藤は、満塁弾含む３本塁打など16安打中13本が長打で、なんと22打点、打率・６４０。小池、加藤重之の一、二番コンビはそれぞれ８盗塁。ほかにも常盤、加藤が５割超の打率を残し、そもそもチーム打率そのものが驚異的な・４７０だ。

最高打率は、センバツ四番の松坂で・652。ホームランも3本放っていたが、どうも本職のピッチングのほうがピリッとしない。本人が、「いままでで最低の内容だった」と言うように、決勝は完投したものの制球が定まらず、3失点。3回の押し出し四球が、この夏のチーム初失点となった。それでも渡辺監督は、「調子の悪さは明らか。それでいて悪いなりのピッチングで要所を締めたのはすごい。先輩の愛甲（猛）や中田（良弘・元阪神）にないものを持っている、強い男ですね」と、ことに精神面の成長に及第点を与えている。

もともとこの東神奈川大会では、合計で40イニング程度を起用の目安にしていたが、大差がついて温存するケースも目立ち、24回止まり。大会期間中は、練習での投げ込みを控えるため、日程が進むほど投げ込み不足が響き、この桐光学園戦ではフォームを崩していた。それでも5安打3失点なのだから……というのが渡辺監督の評価だろう。

かくして横浜は東神奈川を制し、史上5校目の春夏連覇への挑戦権を手に入れた。ちなみにその前、4校目の春夏連覇は87年、立浪和義（元中日）らがいたＰＬ学園である。もうひとつちなみに、西神奈川では、横浜高ＯＢの上野貴士監督率いる平塚学園が、春夏通じて初めての甲子園切符をつかんでいる。

８月６日、阪神甲子園球場。第80回全国高校野球選手権大会の開会式には、のちに〝松坂世代〟と呼ばれ、プロ入りする選手の多くが顔をそろえていた。

おもな選手を北から列挙すると、久保田智之（滑川・西埼玉、元阪神）、多田野数人（八千代松陰・東千葉、元日本ハムほか）、森本稀哲（帝京・東東京、元日本ハムほか）、加藤健（新発田農・新潟、元巨人）、古木克明（豊田大谷・東愛知、元横浜ほか）、東出輝裕（敦賀気比・福井、元広島）、久保康友（関大一・北大阪、元ロッテほか）、和田毅（浜田・島根、ソフトバンク）、寺本四郎（明徳義塾・高知、元ロッテ）、村田修一（東福岡、元横浜ほか）、實松一成（佐賀学園、元日本ハムほか）、吉本亮（九州学院・熊本、元ソフトバンクほか）、赤田将吾（日南学園・宮崎、元西武ほか）、杉内俊哉（鹿児島実、元ソフトバンクほか）、新垣渚（沖縄水産、元ソフトバンクほか）……。

なんと豪華な。さらにこれに加えて、いわずと知れた横浜と、ＰＬ勢だ。横浜は小山、後藤、小池。ＰＬは大西宏明（元オリックスほか）、そしてキャプテンの平石洋介（元楽天）。

8月4日の組み合わせ抽選会で、横浜は大会第5日第1試合で柳ヶ浦（大分）との対戦が決まっていた。PLは、第6日第3試合。両者が当たるとしたら、少なくとも準々決勝以降になる。

話は前後するが、初戦を突破した横浜が、鹿児島実との2回戦を翌日に控えた15日の夜。PLの平石主将は、横浜の宿舎・住之江ホテル阪神に電話をかけ、小山をこう激励した。「ウチと当たる前に消えんなよ。オレらは待ってるからな」

答える小山。「そっちこそ。3年間の総決算だ。松坂もやる気満々だよ」

そういえば組み合わせ抽選で、宣誓の大役が回ってきたのが横浜の主将・小山だった。記憶に残る宣誓を……と、開会式で披露したのがこれ。

「宣誓　われわれは全国高等学校野球選手権大会80回の歴史の中で、先輩高校球児が数々のドラマを演じてくれたこの甲子園で、21世紀に向けて、多くの人々に生きる勇気と希望を与えることができるように、全力でプレーすることを誓います」

このとき、自分たちが「数々のドラマ」を演じることになることを、どのくらい想像していただろうか。

主将の小山良男が第80回全国高校野球選手権大会で選手宣誓の大役を果たした

第三章

対柳ヶ浦／鹿児島実／星稜

第80回全国高校野球選手権大会
横浜高校戦績

8月11日（1回戦）

柳ヶ浦	001	000	000	1
横浜	010	010	04×	6

［柳］●大崎
［横］○松坂

8月16日（2回戦）

鹿児島実	000	000	000	0
横浜	000	001	05×	6

［鹿］●杉内
［横］○松坂
［本］（横）松坂

8月19日（3回戦）

星稜	000	000	000	0
横浜	102	020	00×	5

［星］●米沢
［横］○松坂
［本］（横）小池

後藤のプラモデル作り

1998年8月5日。

「それじゃあ、乾杯！」

モクモクした煙の中で、カメラマンのキャップが音頭をとった。

週刊ベースボールの甲子園取材班は、開会式前日、大阪は梅田の路地裏、お世辞にもきれいとは言いがたいが、すこぶるうまい焼肉屋で出陣式をするのが恒例だ。

明日から始まる過酷な日々に、お互いの健闘を祈りつつ、優勝候補は、好投手は、はたまたそれぞれの地元代表は……などとああでもない、こうでもないを果てしなく繰り返し、その間にジョッキがみるみるカラになり、あげく翌日の開会式にはちょっと二日酔いぎみの頭をふりふり駆けつけるのも恒例だ。

その出陣式。いつもならそれぞれが好き勝手なことを言い、話があっちへ飛びこっちへ飛びで収拾がつかなくなるのだが、この年はちょっと様相が違っていた。

まずは、記念大会で出場校が55と史上最多（当時）となり、雨天順延がなくても16日間という長丁場の大会日程。年々平均年齢が上がる取材班、果たして体力がもつかどうかというきわめてオジサンたちにふさわしい会話だ。

そして、怪物と言われるピッチャーが5校目の春夏連覇を遂げるかどうか。じゅうじゅうと肉を焼く音にまじって、話は結局、その二つのテーマに落ち着くのだ。

怪物・松坂大輔。１５０キロを超すストレートと、コントロール絶妙のカーブ、さらにキレ味鋭い高速スライダーで三振の山を築き、春のセンバツを制覇。その5試合はすべて完投で、奪った三振が43、防御率０・80は、金属バット時代、尋常ではない数字だ。

そのセンバツで、またそれ以後も、いわば松坂担当として取材した僕に、あちこちから質問の矢が飛んでくる。

「どう？　ホントにスゴイの」

「スゴイ。ブルペンで投げているのをキャッチャーのうしろ、間近から見たことがあるけど、ストレートはぐいんとホップする。カーブはまるでフォークみたいに、しかも精密にコントロールされて落ちる。そのときたまたま居合わせた某球団のスカウトなどは、ただただうなって〝ウチの打者にも、なかなか打てないボール〟だと。

そういえば横浜の各打者たちは、合宿所でプロ野球の中継を見ながらよく〝マツ、オマエのほうが速い！〟と断言している。高校生には、打てというほうがムリ」

「夏は春みたいにいかないだろう。なにしろ太陽という大敵がある。スタミナは？」

「昔は〝サボリのマツ〟と言われて、とくに走るのがキライだったらしいけど、練習仕上げのランメニューでも涼しい顔で走り切るらしい。体力だけじゃなく、成果が出るのが分かると、筋トレも積極的にやるようになった。なにしろ身体能力は抜群。背筋力が260キロある。清原の高校時代より上だそうだ」

「だけど球はめっぽう速くても、制球を乱して負けていった好投手はいっぱいいるぞ。そういえばあの江川だって、最後は押し出しのフォアボールだったし」

「いや、それが、去年の夏神奈川の準決勝で負けてから、変わった練習をしたんだ。ホームベースの両スミにボールを置き、それを目がけて投げる。10球当たるまで、やめられない。最初は全然当たらなかった。それが100球に1球になり、30球に1球、10球に1球……とだんだん確率が上がり、コントロールがついていく。カーブやフォークを落としても、当てられるようになったと言ってた。オドロキだよ。だからコントロールには、それも低めには絶対的な自信を持っている」

「肩やヒジは？」

「野球を始めてからこれまで、肩やヒジを痛めたことはないそうだ。それだけ柔軟性があって、理にかなったフォームということ。圧倒的な力の差があった神奈川大会は、2年生がマウンドに上がることも多く、24回しか投げていないから、それほど消耗もしていないだろう」

「う〜む。死角はないのか。でも、ずば抜けた力があってもハートが弱くては……」

「渡辺元智監督は、永川英植とか、愛甲猛とか、自分がプロに送り込んだピッチャーと比べても、上でやるんだという意志の強さは松坂が相当上、と言っていた。こんなピッチャーには、二度と出会えないかもしれないとも言っていたね」

「そうか、やっぱり松坂の夏か……」

さあ、第80回全国高校野球選手権大会の開幕だ。

楽屋裏の話を、もうちょっと続ける。

甲子園では試合前、報道陣に1チーム10分ずつの取材時間が与えられる。この限られた時間、監督やエースには多くの記者が殺到するから、僕などはあえて記者に囲まれていない選手と雑談することが多い。

試合のあとも同様。取材の輪は、その日のヒーローや注目選手を取り囲む。出遅れてその輪からはじき出されると、声の小さい選手ならば話が聞こえないことも多い。それなら、と、じっくり話ができそうな選手を見つけ、独占して話すことが多いのだ。

96年夏の甲子園決勝は、松山商（愛媛）が決勝で熊本工を下して優勝した。延長10回裏の守り、犠牲フライで生還を狙った熊本工の三塁走者を本塁に刺し、だれもが確信した熊本工のサヨナラ優勝を阻止したのが、直前でライトの守備に入った矢野勝嗣だった。矢野は続く11回の表、先頭で二塁打を放って決勝のホームを踏むから、これはもう大ヒーローである。

矢野はそこまで、試合に出たり出なかったりの準レギュラー。ほとんど注目されることもなかったから、地元記者を除けば多くのメディアにとって、「矢野君ってどんなヤツ？」という状態だった。とはいえ決勝のあとの取材というのは時間が限られ、ことにあわただしいから、細かいエピソードなどを聞いている余裕はない。

ただ僕は、それまでの試合後の取材で彼とたまたま何度か雑談していた。だから、「ふだんのノックでライトに入り、僕のバックホームがきれいに決まれば終わり、という状況のときに限って、なぜかとんでもない暴投をしてしまうんです。そうなると、またノックは一からやり直し」などという話の在庫がある。かくして、このときの「奇跡のバックホーム」に関しては、他社とは違った原稿を書くことができたと自負している。

だからこの大会の横浜についても、取材の優先順位は松坂よりもまずはほかのメンバーだった。たとえば柳ヶ浦（大分）との1回戦前。話を聞いたのは後藤武敏だ。東神奈川大会終了後から腰の痛みが悪化し、痛み止めを打っているのだという。

「でも、腰が砕けてもやりますよ」

それにしても……第6日という初戦――当初は、第5日第1試合の予定だったが、第2日は第2試合が降雨コールドゲームで引き分け。その専大北上（岩手）と如水館（広島）の試合を繰り下げて第3日第1試合とし、以下も順次繰り下げた――は、東神奈川の連戦からリフレッシュするには適度な日程だとしても、地元にいるときほどたっぷり練習ができるわけではないし、時間を持て余すのではないか。

聞くと後藤は宿舎で、空き時間にガンダムのプラモデルを作っていたという。プロ注目のスラッガーがなんとも微笑ましいが、「集中力はつきます。もし打てたら、プラモデルのおかげと書いてくれませんか」。

あるいは、センバツでは14だった背番号が5に昇格した常盤良太。東神奈川大会では14打数8安打と好調で、この大会でもキーマンになるかもしれない。「センバツではチームは優勝したけど、僕自身は出番がなかったんで、うれしさも半分でした。今回はホームランを打つのが夢です」と話してくれたものだ。

この両者との雑談、記憶にとどめておいてほしい。

ノーヒッター左腕を相手に、松坂が完全復調

8月11日、横浜の春夏連覇への挑戦は、柳ヶ浦との1回戦から始まった。

柳ヶ浦は、大分大会で4本塁打した打線が強力と評判の相手で、松坂対策として14

５キロに設定したマシンに対峙し、バットを持たずにとにかくスピードに目を慣らしたという。

対して、前日に50球を投げ込んだ松坂は、「投げるときに体が窮屈に感じていたフォームを修正しました。昨日ぐらいから調子が上がっています」。

８月１日の大阪入り以後は、シャドーピッチングなどでフォーム修正に努めており、良化の感触を得たようだ。狙うのは73年、江川卓が記録した92を超える春夏通算１００三振。センバツでの松坂は43三振だから、50を上乗せすれば江川超えで、57ならちょうど１００。決勝まで進めば最大６試合を投げることになるから、十分達成可能な数字だ。

柳ヶ浦戦の結果から書くと、６対１。横浜は勝つには勝ったが、３安打９三振の松坂は、「春より悪い。60点のデキです」と納得していない。最速は１４９キロに達しても、６四死球と球が暴れたのも不満だ。小倉清一郎部長の分析だと、「東神奈川決勝の桐光学園戦あたりから、おかしくなりかけた。踏み出す左足がインステップするから体の開きが早く、シュート回転しちゃうんだよ。だいぶよくなってきたけど、ひっかいちゃってるね」。完全復調までいま一歩、というところか。ひっかく、というのはちょっと分かりにくいが、シュート回転を無意識に抑えようとするため、ボールが低めに落ちるらしい。

大会前には「全試合完封を狙う」と宣言し、ビッグマウスをあえてエネルギー源にしてきた松坂だが、早くも1失点。試合後にそこを指摘すると「でも、自責点は0ですから――」と強がって、こう続けた。

「次の試合は、よく研究して頑張ります」

ちなみにこの試合の1失点は3回二死二塁から、セカンド松本勉の悪送球の間に生還を許したもので、松本にとってはこれが甲子園6試合目で初めて、そしてこの夏初めてのエラーだった。

「余裕がありすぎて慎重にいったのがかえって悪かった。この試合初めての打球処理で、緊張もありました」と頭をかく松本だが、打っては2安打で8回にはダメ押し点をたたき出している。二塁の守備位置から見ていた松坂については、「松坂さんは神奈川ではいまひとつでしたが、今日はいつもと変わらない投球だったと思います」。

横浜が柳ヶ浦との初戦を突破したあとの第6日第3試合では、大記録が飛び出した。

鹿児島実・杉内俊哉が、八戸工大一（青森）を相手に16三振を奪い、夏の大会21人目（22度目）、11年ぶりのノーヒットノーランを達成したのだ。その鹿実、そして杉内が横浜の次の対戦相手となる。松坂が、どれだけ本調子に戻るかがカギを握りそうだ。

前年夏に甲子園を経験している杉内も、この大会評判のピッチャーだった。大会ガイドブックともいえる週刊朝日増刊号では、松坂と同じ見開きカラーページで紹介され、その扱いは松坂よりも大きい。

杉内は、２年生だった前年夏も甲子園で登板している。浜松工（静岡）と対戦し、７回途中４失点。初戦で敗退した。そのときは６回まで２安打ながら、疲れの見えた７回に集中打を浴びている。だが、１年後ははるかに成長していた。

鹿児島大会では、６試合47回⅔を投げて失点がわずか４。１４０キロ超の速球と鋭いカーブを持ち、奪った三振は64に達した。決勝では、春の九州大会ベスト４まで進んだ川内の好投手・木佐貫洋（元巨人ほか）との投げ合いを制している。さらに、「鹿児島大会１週間前には、コーチに教わってスライダーを覚えました。それと去年と違い、内角を攻められるようになった。ヒットよりはデッドボールでもいい、くらいのつもりで強気に行きます」と言う杉内の、八戸工大一戦の投球は圧巻だった。初回の三者三振から始まり、4回までで早くも10三振。その後さすがにペースは落ちたものの、終わってみれば16三振、外野フライさえわずかに2で、出した走者は四球の1人のみ。二塁を踏ませない〝準完全試合〟だ。八戸の打者に言わせると、鋭いカーブは「ボールが消える」のだとか。

さしもの横浜打線も、攻略には手こずるだろう――。

その2回戦は8月16日、第11日目第3試合。前の試合・宇部商（山口）と豊田大谷の一戦は延長15回、サヨナラボークという非情な結末で豊田大谷が勝っている。その余韻が漂う5万3000の観客の前で、横浜は鹿児島実に相対した。

「杉内君ですか？　意識しますよ。いいピッチャーと投げ合えるのは楽しい。（むこうがノーヒットノーランなら）完全試合から狙っていきます」

試合前、松坂はそう言った。センバツでは東福岡・村田修一、関大一・久保康友ら、のちにプロ入りする投手と投げ合っている（もっとも村田は、野手としてのプロ入りだが）。同じ神奈川なら、日大藤沢・館山昌平とは何回も対戦した。相手が好投手であればあるほど出力が上がるのは、エースの本能かもしれない。

渡辺監督が、「杉内君のボールは確かに打ちにくいだろうが、松坂のボールこそ相手は絶対に打てない。エラーさえなければ、取られてもせいぜい1点だ」と、選手に安心感を与えて臨んだ難敵との対戦。

松坂と杉内、５回まではお互いに譲らなかった。松坂が2安打５三振で二塁を踏ませなければ、杉内も3安打４三振。横浜・小倉部長は杉内対策として、ボールを地面に置き、ゴルフボールを打つ要領でバットを振らせたが、「一回りか二回りは打てないだろう」と覚悟はしていた。狙いは、曲がりの小さい高めのカーブ。しかし、バットは空を切るばかりだ。

三振を喫した打者は、「全然ビデオと違う。こんなんじゃ、打てっこねえよ」とぼやきながらベンチに戻るしかない。

一方松坂も、柳ヶ浦戦からは別人のように制球が安定していた。２回表には、あるスカウトのスピードガンが１５１キロを計測。これは非公式ながら、新垣渚がマークした数字に並ぶ甲子園歴代最速といわれた。

0対0の6回裏、静かだった試合が動く。

横浜は先頭の小池正晃が四球で歩くと、加藤重之が送りバントで一死二塁。小倉部長の分析では、杉内は二塁に走者が出ると、目でけん制するのは一度しかない。また、走者を見てからモーションに入るまでの間がやや長い。これを頭に叩き込んでいた小池がやすやすと三盗を決めると、三番・後藤が犠牲フライを打ち上げ、横浜が先制した。

さらに8回には、松坂が杉内のカーブを狙い打って甲子園初ホームラン。この2ランなどで一挙5点を追加し、ノーヒッター左腕を攻略した横浜の完勝だった。3回り目の8回に試合を決定づけたのは、小倉部長が見立てたとおりだった。

それと僕の雑談取材によると、杉内攻略には秘策があった。教えてくれたのは、この日途中から守備に入った柴武志だ。

「マシンを2台設置して、片方は真っすぐ、片方はカーブを同時に投げてくるようにセットするんです。それをしっかり見きわめる練習をしました」

となれば、「ボールが消える」こともない。杉内が言うように「8回から握力がなくなり、カーブが決まらなくなった」からなおさらで、それが8回の集中打につながったといえる。

この、準備。そういえば横浜の日常の練習では、浜風が強くフライが流される甲子園、しかも大歓声でお互いの声が聞こえないことを想定し、強風の日にはこれ幸いと、あえて野手の声による指示なしで外野ノックを行っているらしい。

渡辺監督からは後年、こんな話も聞いた。

優勝した2006年のセンバツ、八重山商工（沖縄）との2回戦。7対6と1点差まで追い上げられた8回、なおも一死二塁と一打同点のピンチが続く。

ここで次打者は、ピッチャーゴロ。二塁走者が思わず飛び出すと、まずは二、三塁間ではさみながら、その間に二塁を狙った打者走者を先に刺し、さらに二走もアウトに。ダブルプレーでピンチを脱した横浜が、そのまま逃げ切った。

ふつうは、はさんだ二走をアウトにすれば精一杯、というのが高校野球だろう。その挟殺に時間がかかれば、打者走者が二塁まで進んでしまうこともあり得る。ところが、このとき横浜のピッチャー・浦川綾人は二走を射程内に入れながら、打者走者が二塁に向かうタイミングを計ってまず塁上のセカンドに送球している。

視野の広さ、判断力、そして実際にそれを行う技量が要求される、きわめて高度なプレーだった。

「グラウンドでやってきたことが、そのままできたということですね。ああいうプレーは、ウチの小倉ら、コーチが毎日徹底してやります」と、渡辺監督。

「何十試合にあるかないかのケースだから、ふだんはちょっとだけ確認しておけばいいだろう、ではいざというときにできません。100試合にたった1回あるかないかのプレーかもしれませんよ。でも、日常的にそういう練習をやっておくから、実戦で反応するわけです。たとえばバッターがピッチャーゴロでも、二塁ランナーは本能的に一瞬飛び出しがちです。野球は点取りゲームですから、人間の心理として気持ちは先へ先へ行くでしょう。ですからランナーは、先に行こうとするのと同じくらい、塁に戻る練習をたくさんやっておかないと試合で反応できません。

あの八重山商工戦のプレーは、能力の高い選手がいても、毎日毎日やっておかないと難しい。ところがわれわれは、キャッチボールからああいう場面を想定し、取り入れて、大げさにいえば毎日欠かしません。試験に出るかどうか分からない問題でも、ふだんから勉強している。だから、実戦でできるんですね。見たことのない問題がいきなり試験に出たら、できるはずはありません。ふだんから、歯磨きをするのと同じくらい習慣化して、無意識にできるくらいの練習を積んでおかないと。まして、甲子園という特別な舞台では……」

あれだけの素材がいて、これだけの準備があって。終わってみれば6対0、松坂は５安打９三振もさることながら、自身甲子園では初めての無四球の完封に笑みがはじけた。

「ベストピッチです。５安打されたから１００点ではないけど、95点」

鹿児島実打線は、この甲子園で松坂と双璧といわれた沖縄水産・新垣を、招待試合で打ち込んだ経験があるという。その強力打線が、「スピードは新垣君と変わらないけど、変化球のキレと投球術は、まるっきりモノが違いました」と、お手上げとばかりに主力が口をそろえている。鹿児島実・久保克之監督はこう言った。

「皆さんは杉内との投手戦を期待したでしょうが、差があるのは試合前から分かっていました」

それにしても、だ。体の開きが早く、ボールがシュート回転していた初戦から中４日での変身の理由はどこにあったのか。渡辺監督はこう語る。

「東神奈川大会では40イニングを予定していましたが、実際には24回。肩への疲労は少なかったけど、肩の筋肉をつくるという意味では少なすぎました」

センバツ後は3週間ほど休ませ、そして東神奈川大会中も負荷を抑えていた松坂の肩。本番の甲子園に来て、ようやく本調子に戻った、ということかもしれない。

小倉清一郎という名参謀

横浜の3回戦の相手は、翌17日の第1試合で海星（三重）を下した星稜に決まった。星稜といえば1979年夏、箕島（和歌山）との延長18回や、92年に松井秀喜（元巨人ほか）が明徳義塾に5敬遠されるなど、甲子園という大河ドラマで重要な役まわりを演じてきたチームだ。奇妙なことに、歴史に残る2試合はいずれも、8月16日のこと。当初の日程通り、もし前日に登場していたら、またなにかしら劇的な試合を演じていたかもしれない。

横浜の小倉部長は、星稜が対戦相手と決まってから、いつものように丸裸にする作業に取りかかった。

2回戦で杉内攻略につながったのは6回、二塁走者・小池が決めた三盗がきっかけだが、小池は、「モーションは完全に盗んでいた。杉内君が足を上げる前にスタートを切りましたから」と話している。それも、小倉部長のデータが頭にあったからだ。

分析はまず、対戦相手のビデオを丹念に、繰り返し見ることから始まる。相手投手の球種や配球の傾向。守備のデータも驚くほど緻密だ。一番打者から九番までの得意、不得意なコース、球種。打球方向の分析と、それに基づいた守備位置の指示。これらをA3用紙数枚に図入りでまとめ、試合前日のミーティングで選手に渡す。

選手は、一人ひとりの打球方向や得意なコースまでびっちり書き込まれたそれを、試合までに頭に保存するわけだ。

1944年生まれの小倉部長は、横浜高校では渡辺監督と同級生だった。渡辺監督が外野手なら、小倉部長はもともと内野手。渡辺監督は、帰宅してから当時の笹尾晃平監督の家までランニングし、夜遅い時間にもかかわらず、個人的に素振りを見てもらったりしていたというが、「あれは、僕と違ってマジメだったからね」と笑う小倉部長のほうは、笹尾監督から「もう少し野球を見る目を養え」と言われて捕手に転向した。これが、野球観を大きく変えた。

東京農大を経て社会人野球に進んだが、自分の限界を感じ、高校野球の指導者を考えるようになった。大学時代、アルバイトがわりに新潟・新発田農のコーチをした経験もあり、自分の得た技術や知識を高校生に伝えたいという思いからだ。

社会人で2年プレーしたのち、父の知人の紹介で水道設備会社に就職すると、縁があって静岡・東海大一（現東海大静岡翔洋）のコーチに招かれ、76年春夏と甲子園に出場している。

横浜市内の交差点で信号待ちをしているとき、車で通りかかった渡辺監督と偶然出会ったのは、その後仕事に専念しているときだ。

聞くと渡辺監督は、教員免許取得などのために忙しく、グラウンドに出られるのは土日だけ。当然、選手への目は行き届かない。指導を手伝ってくれないか、と持ちかけられた。これに応じた小倉部長は、昼間は水道設備の仕事、夕方は高校の練習のコーチ。

チームが目に見えて力をつけていくのがおもしろかった。

ただ、愛甲猛や安西健二ら、力のある1年生を入学後すぐに抜擢すると、上級生の保護者らの反発を招き、2年強で「ケツをまくった」。それどころか、ライバルである横浜商に「横浜にならなら簡単に勝てる」と売り込んで78年にコーチに就任する。

そして翌79年には、ジャンボこと宮城弘明（元ヤクルト）をエースに、神奈川大会の決勝で本当に横浜を3対1で下して夏の甲子園に出場。12年指導する間に春3回、夏5回の甲子園出場があり、三浦将明（元中日）がいた83年には、春夏ともに準優勝という輝かしい実績を残している。

その後、渡辺監督から「戻ってきてくれ」と請われた。いったん退いた経緯から、母校には複雑な思いがあったが、迷ったすえ90年にコーチに。学校からの要請で教員免許を取得したときは、54歳になっていた。

そこから、渡辺監督が「小倉は、チームプレーを教えることについては卓越していますから、任せきりです。彼がチームを作り、僕が精神的に指導する。車の両輪のように、お互いに足りない部分を補い合っています」という名コンビが誕生したわけだ。

のち小倉部長は著書の中で、東海大相模出身の原辰徳（巨人監督）の言葉を人づてに聞き、うれしかったとふれている。

「ウチの親父（原貢・元東海大相模監督）が神奈川の高校野球を変えたけど、もう一人は小倉さんだよね」

話は、対星稜に戻る。その小倉部長が、「やってらんねえよ、監督から怒ってくれ」とノックを中断し、べらんめえ調のだみ声でまくし立てたのは星稜戦の前日、18日の練習中だった。難敵・杉内を攻略した反動だろうか、ノックの前のバント練習から、どうも緊張感に欠けていた。

渡辺監督も同様に感じたのだろう。

「練習はやめだ！」

選手を一喝すると、本当に練習を30分で打ち切った。

無気力ぶりを耳打ちした小倉部長も、渡辺監督がそこまでやるとは思っていなかったらしい。なにしろサイドスローでカーブを得意とする星稜の投手は、横浜が苦手とするタイプなのだ。「バッティングぐらいはやらないとまずいよ」という小倉部長の思いは当然である。

だが渡辺監督は頑として聞き入れず、宿舎に引きあげた。これには、現場にいた取材陣もさぞ驚いただろう。

渡辺監督は夕食も選手たちとは別。東神奈川大会中もカミナリを落としはしたが、夜の素振り、ミーティングにも立ち合わないのはきわめて異例なことだった。だが、この異常事態が危機感に火をつけたのか。選手たちは自主的に宿舎近くの神社でバットを振り込み、あるいはバッティングセンターに出向く者もいたという。

翌19日、大会第14日は通常の大会なら決勝が行われる日程だ。第2試合、星稜との3回戦。柴が言うように「きのうのカミナリでピリッとした」横浜は1回裏、小池の先頭打者ホームランで先制した。バックスクリーン左への一発。

「最初からセンターに打とうという意識はあった。ここまで、打席で立ち遅れている感じだったので、小倉部長から〝ちょっとタイミングを早く取れ〟とアドバイスされたのが効きました」と言う小池は、前日のバッティングセンター組。この試合、三塁打が出ればサイクルという大当たりの3安打で、守っても6回にはあわや長打コースという右中間への当たりを好捕し、「あれが抜けていたら、そこから中軸（に回る打順）。野手にも助けられました」（松坂）とエースをアシストしている。ただこの美技には、反省もあった。「あれは守備位置のミスです。データによれば、もっとセンターに寄っておくべきだった。それならもっと楽に捕れた」と言うから、小倉部長のデータの正確さがよく分かる。

これをしっかり生かしたのは、この試合でレフトに入った柴だった。8回表、松坂が星稜打線に許した3本目のヒットは、三塁線を破るふつうなら二塁打コースだ。だが「（小倉メモを）暗記するほど読んだ」という柴は、あらかじめライン際に寄っており、この一打をシングルヒットにとどめている。

もっとも……こと松坂に限っては、小倉部長の労作であるデータをほとんど見ないのだとか。また星稜打線が、松坂のクセを見抜いているという事前情報もあった。それでも委細かまうところはない。甲子園での自己最多に並ぶ13個の三振を奪い、散発4安打で完封だ。

敵将・山下智茂監督は、13三振と聞いて「そんなに取られましたか」と苦笑いし、こう続けた。

「ＯＢの小松（辰雄・星稜、元中日）や江川のほうが球は速いですが、松坂君は球種が多く、しかも完成されていましたね。低めの球に伸びがある上、小技を仕掛けようとするとスライダーがきて、バントもうまくできなかった。なにしろ、フィールディングも素晴らしいから……松坂君以外でもここぞという場面でファインプレーが出るし、本当に強いチームです」

松坂はここまでの３試合で自責点０、27回で31の三振を奪い、24イニング連続無失点で、当然のようにベスト８進出。

「夏は各チームとも打力が伸びているし、暑さもあって春みたいなピッチングはできない、と言われていたので、反発というか見返したい気持ちがありました。クセを見抜かれているとも聞いたので、それも頭に入れて投げた。ＰＬには、春に点を取られたので完封で借りを返したいですね」

そう。組み合わせ抽選の結果、翌20日の準々決勝は、ＰＬ学園と佐賀学園の３回戦の勝者が相手と決まっていた。星稜戦の終了時点では、まだ対戦相手は分からないが、松坂も横浜ナインも、PLが勝ち上がってくるものと決めつけていた。松坂は言う。

「PLとは絶対にどこかで対戦があるだろうな、とは思っていました。日本一になるには、勝たなきゃいけない相手ですから。でもみんな、どうせPLとやるなら決勝でやりたいな、と話していたんです。で、小山が準々決勝の組み合わせ抽選でPLとのクジを引いたでしょう。〝オマエ、まだ早いよ〟と、みんな冗談でこぼした。そうしたらアイツ、真剣に怒ってました、オレのせいじゃねえよ、知らねえよって（笑）」

続く第3試合。PLは古畑和彦のホームラン、上重聡の1失点完投などでベスト8に進出。春の準決勝より1試合手前の準々決勝で、両者の再戦が実現することになる。

２回戦は八戸工大一戦でノーヒットノーランを達成した杉内擁する鹿児島実戦。８回裏一死三塁の場面で松坂が杉内の投じたカーブを狙い打ち甲子園初ホームラン。６対０とし勝負を決めた

第四章

対PL学園 その1

第80回全国高校野球選手権大会
横浜高校戦績

8月20日（準々決勝）※延長17回							
横浜	000	220	010	010	000	12	9
PL学園	030	100	100	010	000	10	7

［横］○松坂

［P］稲田—●上重

［本］（横）小山、常盤

「行け行け」「狙え狙え」

横浜が星稜に、ＰＬ学園が佐賀学園に勝った8月19日の夜。

ＰＬが、大阪市中央区南船場のホテル・ドゥ・スポーツ・プラザに戻ってきたのは夜10時ころだった。

それまでは、富田林市の自校雨天練習場で、バッティング練習に汗を流していた。松坂大輔の速球対策として、投手を5メートル手前から投げさせた。最初は詰まった当りばかりだったが、さすがにＰＬ打線、徐々に対応し始めた。

横浜の宿舎・大阪市住之江区の住之江ホテル阪神では、ナインがＰＬの試合のビデオを見ながら、小倉清一郎部長の分析を聞いた。先発と読んだ稲田学の球速、変化球の種類、配球、けん制のクセ。むろん、上重聡も同様だ。

捕手の小山良男は、小倉部長とつきっきりでＰＬ打線を丸裸にした。素材は、1回戦の八千代松陰戦。エース・多田野数人が、松坂と似たタイプだったからだ。ＰＬは、横浜が春季関東大会で苦戦したこの今大会注目の投手に13安打を浴びせ、6点を奪っている。小倉部長はそれぞれの打者に対し、初球はボールで入れ、このコースには投げるな、変化球が得意……と事細かく指示を与えた。

翌日は、第1試合。それに備えて、8時半には消灯した。渡辺元智監督の目論見は、「医学的には、人間の体が睡眠から完全に覚めるには5時間が必要といわれています。翌日は午前8時半の第1試合ですから、3時半に起床しなくてはいけない計算です。ただ、3回戦の翌日の準々決勝で、その日だけ早起きしても、人間の体が簡単に順応するとは限らない。それよりは睡眠時間を少しでも長くしようと、試合開始3時間半前の5時起床にしました」。

そこから逆算しての消灯時間だが、疲れているとはいえ健康な高校生が、そんな時間に眠れるものじゃない。松坂は言う。

「星稜戦を投げて、翌日の第1試合じゃないですか。だから消灯が早かったんですが、結局眠れなくて、ようやくウトウトしたのは夜中の2時かそこらでした。消灯前に監督が心配して〝寝れるか〟と聞くので〝大丈夫です〟と答えたんですが、もし〝寝れない〟

と答えていたら、なにをしてくれたんだろう（笑）」

ベッドに横になりながら頭をよぎったのは、ミーティングでの渡辺監督の言葉だったかもしれない。

「甲子園には魔物がいるというが、魔物は自分の中にいるんだ。いままでやってきたことをすべて出せば勝てる」

多少はまどろんだ。4時半にセットしていたアラームで起きたが、まだ外は薄暗く、当然睡眠は十分じゃない。

「そんな睡眠時間でしたから、朝起きて、体を動かすのがしんどかった。暑かったですし。僕らの宿舎から甲子園まではバスで1時間くらいかかるんですが、そのバスの中で寝てしまいました。いや、あの日に限らず毎試合バスでは寝てましたが（笑）、あのときはとくに深かった」

渡辺監督や小倉部長からはふだん、「試合の4時間前からは眠るな」と言われており、後藤武敏などは車中で必死に眠気をこらえていたが、松坂は大一番を前にしても高いびき。これもまあ、大物ということだろう。

6時前に甲子園に到着したころには、「人一倍朝に弱いタイプの松坂も、やる気満々の表情をしていた」と渡辺監督は言うが、これは車中で多少うたた寝できたおかげかもしれない。

1998年8月20日、午前8時30分。岡本球審の右手が上がり、3時間37分のドラマが開演した。

1回表、横浜は稲田の前に三者凡退。1回裏、PLの先頭・田中一徳は、松坂の4球目を打ってショートゴロに倒れたが、ベンチに戻って報告した。ボールがきていない、行けますよ——。ダグアウトにいたPLの上重も、それを覚えている。

「田中一が〝行けます〟と。〝いやいや、アウトじゃないか〟〝行けるんです〟。確かに、松坂のピッチングを見たとき、〝アレッ？〟と思ったんです。春ほどすごくない、と。1回対戦して慣れていたのか、免疫ができたのか、それとも松坂の調子が悪かったのか。結局1回は本橋（伸一郎）がフォアボールをひとつ選んだだけで無得点ですが、それでも全員〝行けるわ〟と感じたはずです」

もうひとつ付け加えれば、行けると感じたのにはPL各打者の春からの成長もあったはずだ。

「この試合は、あの夏の中で一番立ち上がりが悪かったですね」とは松坂だが、148球を投げた星稜戦の試合終了からわずか20時間ほど。もともとスロースターターの松坂が、一番悪かったと自覚する立ち上がりをPL打線がつかまえたのは2回だ。

先頭の大西宏明がヒットで出ると、守備のいい松坂にしては考えられない犠打野選に稲田の犠飛、さらに九番・松丸文政、田中一の連続タイムリーで3点。

松坂は、春から通じて甲子園9試合目にして、早くも1試合のワースト失点を超えてしまったことになる。2、3点の争い、と踏んでいた渡辺監督にとってこれは、予想外の展開である。

「2回の守備は、先頭打者をヒットで出して、三垣(勝巳)のバントを、僕がセカンドに投げて野選にしてしまう。そのへんの判断も、寝起きで鈍っていたのかもしれないですね(笑)。いつもなら、回も浅いですし、無理だと思ったらファーストへ投げるのが無難です。この回には、二死走者二塁でボークもあるんですよ。やっぱり、目が覚めていない(笑)」と松坂は冗談にまぎらすが、こんなはずじゃない。いかに立ち上がりが悪いとはいえ、松坂が3点も取られるとは……。

横浜ベンチで異変に最初に気づいたのは、偵察メンバーとしてスタメンに名を連ね、すでにベンチに下がっていた山野井成仁である。PL各打者のタイミングが、あまりにも合いすぎてはいないか。やはりベンチにいた柴もうなずく。

三塁側ダグアウトのすぐ目の前では、PLの三塁ベースコーチャーとして、主将・平石洋介が大きな声を張り上げている。1球ごとに「行け行け」「狙え狙え」。バッターを激励するのはいい。だがそれにしても、1球ごとに同じような声をくり返すのは不自然だ。

山野井がさらに観察を続けると、「行け行け」のときには松坂は必ずストレートを、「狙え狙え」なら変化球を投げている。ゾッとした。もしかしたら、球種が完全に読まれているのでは……。

平石が三塁ベースコーチに入ったとき、その役割は、相手バッテリーのクセを見抜き、打者に伝えることだ。センバツのときも実は、松坂のクセを一度見抜いている。キャッチャーのサインを見て投球動作に入るとき、ストレートなら体に反動をつけるためか、ヒザに置いたグラブが1回下がってから振りかぶる。変化球ならそれがない。

1回裏に平石が松坂をよく観察すると、春までのそのクセはどうやらなくなっていたようだ。さすがやなぁ。ほかになにかクセはないか。さらに松坂を、そしてサインを出す小山を凝視する。おっ？　もしかすると、これかも……。松坂は言う。

「2回のマウンドでは、どうも球種が読まれているんじゃないかと気がつきました。僕のクセなのか小山なのか分からないけれど、自分では、思い当たるところがないんですよ。守備が終わってベンチに戻ると、ベンチでも気づいていました。ベンチからの観察ではどうも、キャッチャーの構え方のクセから見分けているらしい」

当の小山も、「行け行け」「狙え狙え」という平石の声には気がついていた。構えているとき、三塁コーチの平石を見やると、のぞき込んでいる目が合ったから、もしかすると自分でも気がつかないクセがあるのかもしれない。あるいは……平石からサインが見えるのか？　一度、死角になるようにサインを出した。それでも「行け行け」と声を出している。

ベンチに戻った小山に、柴が話しかけた。

「平石が、オマエを見て球種が分かっているみたいだ。『行け行け』がストレートで、『狙え狙え』が変化球らしい」

「そうだな。でも、どこで分かるんだろう。サインは見られていないと思うんだけど」

「構えたときの姿勢じゃないか？」

小山には、ハッと思い当たることがあった。センバツのあとある先輩から、「捕球姿勢で球種が分かるぞ」と指摘されたことがあったのだ。それか……。平石によると、「小山は、ストレートのときは厳しいコースに低く構えるんですが、変化球のときはヒザが地面につくことはまずなく、どこでも捕れるように腰を浮かせ気味にし、大きく構えるんです」。

それを「行け行け」「狙え狙え」という符牒で打者に伝えていたわけだ。次はストレート、という根拠があれば、ＰＬクラスの打者なら、たとえ松坂が相手でも、ヒットになる率はかなり上がる。

ただ、平石といえども１００パーセント正確に見分けられるわけではなく、曖昧な指示ならむしろないほうがいい、という打者もいた。そもそも、甲子園という伽藍《がらん》に響く大音量の中で、声が確実に伝わる保証もないし、伝わったとしても瞬間的に対処できるとは限らない。PLの2回のヒットのうち何本かは声のアシストがあったとしても、全部が全部というわけではないだろう。

平石も後年、こう認めている。

「構えから球種が分かることもありましたが、分からないことも多いんです。1球1球叫んではいましたが、打者にあまり信用されても困る。それよりも、小山に〝オマエのクセで、球種が分かっているぞ〟と意識させればしめたものでした。捕手としてはピッチャーに悪いと思うでしょうし、リードにもなんらかの影響が出てくるはず。

それとそもそも甲子園は広いし、ちゃんと聞こえていたかどうか……それよりも僕らは、打倒・松坂のために日々練習してきましたから、その成果が出たんです。だいたい、球種やコースが分かったからといって、打てるようなピッチャーじゃないですよ」

さらに後日談として。プロ野球の楽天でコーチを務めていたころ、平石が「実は……」と真実を明かしている。

「次の世代のチームに影響があるので当時はぼかしていましたが、あれは球種ではなくコースだったんです。本当は3種類あった。『行け行け』が外角で『狙え狙え』が内角、そして『絞れ絞れ』が変化球。強いチームならどこも、同じようなことはやっていたと思いますよ。だからこそ、横浜も気づいたんじゃないですか」

もうひとつ、後日談。この98年12月には、日本高野連が全国理事会で走者やコーチによるサイン伝達禁止を決定した。曰く、「走者やベースコーチなどが捕手のサインを見て打者にコースや球種を伝える行為を禁止する。もしこのような疑いがあるとき、審判員はタイムをかけ、当該選手と攻撃側ベンチに注意を与えすぐに止めさせる」。

平たくいえば、それまでは高等戦術のひとつだった球種読みが禁じられたわけだ。甲子園での適用は、99年のセンバツから。もしそれが1年早かったら、平石の「行け行け」もなく、延長17回という珠玉のドラマは生まれていなかったかもしれない。

三塁ゴロ！　また当てるんちゃうか

2回を終わって、PLが3対0とリード。早くも自身甲子園最多失点となった松坂は、「PLに限らず、春と比べれば夏は、どこも打力を格段に上げて甲子園に来る、とずっと考えていたんです。だから、PLの打線の成長に関しても、驚きはありませんでした。まあそれでも、ほかのチームとはケタが違っていましたね。

PLの打線では、（田中）一徳みたいなタイプがイヤでした。この2回に打たれたタイムリーは、一徳の流し打ちに備えてショートの佐藤（勉）が三遊間を絞り（狭め）すぎていたんです。僕の中では、1打席目と同じようにショートゴロに打ち取っているはずなのに、ショートの右、二遊間をふつうに抜けていったので〝あれ？〟っという感じ。それが3点目です。

そんなふうに一徳用のシフトを敷くとその逆、それをもとに戻したらまた逆で、この試合は結局4本のヒットを打たれました」。

　これはのちの話になるが、松坂と田中一らはともに全日本のメンバーに選ばれ、松坂は田中一の目配りや気配りに感心したという。たとえば田中一は、練習から宿舎に戻ったときにはすでに洗濯の準備ができていたとか。守備位置の逆をつくバッティングも、そういう目配り、つまり観察力が土台にある。

　この試合でも田中一は、第1打席から「今日の松坂さんは球が走っていない」と見抜いていた。

「センバツのときほどの衝撃はなく、ストレートに対しても〝ああ、このくらいか〟。自分たちと同じ高校生なんだなぁと思いました」

　そして2打席目には、外のストレート1本に狙いを絞り、広くあいていた二遊間、佐藤の右を破って中前に転がした。3点目である。沸き返るＰＬベンチ。ただ上重は、チームがリードしているのに複雑な気持ちだったという。

「これは不思議な感覚なんですが、3点をリードしたのに、〝おいおい、こんなんじゃダメだろ〟と思ったんです。オレたちが目標にしていた横浜はこんなはずじゃない、簡単に勝つのなら、この何カ月かやってきたことはなんだったんだ、本調子の松坂を打たなきゃ意味がない……という思考回路ですね」

高度なレベルで対戦する者同士だけが感じるシンパシー、というべきか。

2回には、横浜らしくない〝こんなんじゃダメ〟なプレーがあった。ＰＬの一死一、三塁で八番の稲田。「松坂のストレートは僕には打てん。打てるとしたら変化球」と2球目のスライダーをとらえると、センターへのライナーだ。加藤重之が捕球したが、タッチアップで三塁から大西が生還し、これがＰＬの先制点となった。

だが加藤からのホームへの返球は、いいコースに行っていたのだ。なぜかこれを、一塁手の後藤が中継してしまう。もし後藤がそのままスルーしていたら、生還はきわどいタイミングで、後藤は仲間から「ノーカットだろ！」と厳しく指摘された。さらに中継した段階では、二塁走者の三垣が飛び出していたから、そちらに送球すれば併殺の可能性もあった。

いずれにしても、あとの祭り。後藤は、渡辺監督からもどやされたこのボーンヘッドが、試合中ずっと尾を引くことになる。

松坂がＰＬ打線の成長を感じ取ったように、横浜の打線も春に比べると一回り大きくなっていた。PLの左腕・稲田は3回までノーヒット、0点と上々の立ち上がりだったのだが、捕手の石橋勇一郎は脅威を感じていた。横浜の打者は、春よりも振りがシャープになっている。しかも、一番から九番まで、まるで切れ目がないじゃないか——。

それと、稲田をよく研究していた。打たせて取るタイプの稲田は、打者に考えるヒマを与えずにポンポンと投げるのが自分のリズムだ。だが横浜の各打者は、そのリズムを乱すように意図的に足もとをならしたり、打席を外してバットに滑り止めを施したりする。なんともしたたかである。

4回の横浜。初回はアウトになったものの、センターへのいい当たりで気をよくしていた先頭の加藤が、ストレートを狙いすましてレフト線にツーベース。後藤、松坂と凡退して二死になったが、小山がやはり内角のストレートを左中間スタンドに運んだ。2ランホームラン。

稲田にとって小山は、後藤と並んで警戒すべき打者だった。「センバツのとき、レフトポールの上を切れていく大ファウルを打たれているんです。その印象が残っていた」からだ。カーブで1ストライクのあと、サインは内角のストレート。春、大ファウルを打たれた球だ。だが、小山ほどの打者を打ち取るには内角を見せることが不可欠だ。ただ、それがシュート回転した。左投手が右打者のインコースを狙い、シュート回転すれば、甘い打ちごろになる。そこを、完璧にとらえられた。

一塁ベースを回ったところで、小山は右腕を大きく振り下ろした。責任感の強い主将である。ガッツポーズは、自らのクセが原因かもしれない3失点の返済へ、反撃開始の宣言だった。これで3対2。

「〝よ〜し、きたきたきた。こうでなきゃ。これでこそ横浜〟と思ったものです」とは、例の上重の不思議なシンパシーである。

その裏のPLは、井関雅也のタイムリーで1点を追加するが、5回表の横浜は斉藤清憲、佐藤、松本勉の下位打線が3連打で2点。これで4対4と、試合は振り出しに戻った。

野球の神様というのはときどきイキな演出をするものだが、この5回表の横浜の攻撃でもそれがあった。

先頭打者・斉藤清の二塁打は、PLのサード・古畑和彦のバックハンド側でややイレギュラーしたものの、「もう一歩足が出ていれば、処理できたかもしれない」、古畑はそう思っていた。

センバツの対戦でも、自分のミスで追いつかれ、逆転負けしている。8回裏の守り。一死二、三塁からゴロが飛んできた。三塁走者・加藤が本塁に走る。バックホームしたが、その送球が加藤の左肩に当たり、二者がかえって同点にしてしまったのだ。

この5回、斉藤清の二塁打から始まり松本の三塁打で同点とした横浜は、なおも無死三塁と一気に逆転のチャンスだ。小池正晃凡退のあと、打席には加藤。また打球が飛んでくるんじゃないか。古畑は、そんな気がしていた。

すると本当に……来た！　三塁ゴロだ。

三塁走者は、ふつうなら自重するケース。だが松本は、どうしても1点が欲しいと、自分の判断でスタートを切った。ラインの内側を走りながら、同時に、やはり走ってはいけなかったか、どうせなら送球を当ててくれ……と、捕手・石橋のミット方向に走路をとった。センバツのときの加藤と同様だ。

また当てるんちゃうかな、と慎重に投げた古畑の送球はやや高めに浮いたが、松本の頭上を通過し、石橋がタッチ。判定は、アウトだった。

この場面は、大会後に放送されたNHKスペシャルで紹介されている。概略は、こんな具合だ。春、古畑の送球が加藤に当たったのは、キャッチャーのミットから送球方向を推測し、あわよくば当たってくれ……と、加藤がそのコース上に走路をとったからだ。送球が当たったのは不運な偶然、と映るが、実は必然だったというわけだ。

以後古畑と石橋は、走者に送球コースを読まれないよう、直前までミットを出さずにボールを処理できるような練習を続けた。その成果が、この本塁封殺に表れている——。

だれ、とはいわないが、PLナインの一人はそのエピソードをこんなふうに笑い飛ばした。そんなん、テレビが美化しすぎたストーリーですよ。あの古畑の送球は、たまたま高くいったのが結果オーライだっただけ。送球としては、春のほうが何倍かいいプレーです。でも、勝負運というのは分かりませんね。いいプレーをしたら必ずいい結果が出る、とは限らない……。

ともあれ、追加点阻止。ホッと胸をなで下ろした古畑は、横浜の三塁ベースコーチ鳥海健次郎に、こう声をかけている。

「センバツといっしょやんけ。危なかったなあ」

それよりもPLの選手たちが驚いたのは、なんということのない三塁ゴロなのに、ホームでのアウトのタイミングが間一髪だったことだ。本人によると判断ミスではあっても、松本のスタートがそれだけ素晴らしかったのだ。

そういえば、明徳義塾・馬淵史郎監督も感嘆していた。横浜の選手が塁に出たときには、それこそ愚直といえるほどに1球1球、第2リードを大きく取る、と。ピッチャーが打者に投げた瞬間、安全に戻れる距離まで、次の塁に向かって最大限にリードを取る。多くは徒労に終わるが、何試合に1回かは、たとえば捕手がショートバウンドを軽くファンブルするだけで、やすやすと次の塁を陥れることができる。

アウトにはなったものの、松本の「ゴロゴー」も鍛え抜かれた走塁だった。小倉部長の教えは、「三塁ランナーは、ピッチャーの球筋が見やすい。低めの変化球ならゴロになりやすいから、バットに当たる角度でゴロかどうかを判断してスタートを切れ」というもの。実は、センバツで古畑の悪送球を誘った加藤の走塁は、それを忠実に実行したギャンブルスタートだったという。

8回に横浜が追いつき、試合は延長に……

同点に追いついた王者・横浜は、落ち着きを取り戻した。「行け行け」「狙え狙え」対策についても、「小山は頭がいいキャッチャーなので、どこを見られているかは分からないにしても、疑わしいところは試合中に修正したようです」と松坂が言うように、なんとかその芽を刈り取った。同点に追いついた直後の5回裏、そして6回と松坂はPLをいずれも三者凡退に抑え、〝らしさ〟を取り戻している。

PLは、7回表から上重がマウンドに上がった。

「いよいよ出てきたな」

松坂はじめ横浜ベンチは、ここからが正念場と気を引き締める。

上重は、1年の夏から甲子園のベンチ入りし、登板機会はなかったものの、自身の憧れだった桑田真澄以来と注目された投手だ。PLの野球部寮には過去の試合のビデオがあり、上重のお気に入りは85年のセンバツ、対天理（奈良）。小飛球になったバントを桑田がダイビングキャッチし、トリプルプレーでピンチを脱する場面だ。

センバツの横浜戦では、2対0とリードした8回途中から登板したが、「横浜の打者に圧倒されて、自分がなにをしているのか分からなくなってしまった。準々決勝まではそんなことなかったんです。ただ、それまでは自分たちより強いチームがあるとはあまり感じたことがなく、心の底から強いと思ったのは横浜が初めてでした」と、逆転負けを喫している。センバツ以後は、一時松坂のフォームを真似た時期もあるが、「あれは、松坂の強じんな上半身があってこそできるフォーム」と悟ると、走りまくってとにかく下半身強化に努めた。

「自分はこんだけ練習してきたんやから、という自信を持ちたかった。だから、夏の登板は楽しみでしたね」

その上重が7回を三者凡退で切り抜けたのを、松坂は「春と比べて球威が上がっている」と見たが、もちろん負けるつもりはない。

「PLのエースですから、意識はします。それも球が速いとかより、チームをいい雰囲気にするピッチャーですよね。そういうピッチャーがいるチームは強いです」

満を持していた上重が抑えた7回裏、PLは本橋の四球、大西のヒットでつかんだ二死一、二塁のチャンスに、三垣がレフト前にポトリとテキサスヒットを落とし、1点を勝ち越した。

7回の勝ち越しは、息の根を止めるとまではいかないが、残す攻撃が2回の横浜にずしりとのしかかるはずだ。松坂の回想。

「7回の裏に勝ち越されても、とくに焦りはなく、すぐに追いつけるな、という手応えはあったんです。自分で点を取られておいて言うのはナンですけど（笑）、4点取られたあとも、後半になれば調子が上がってくるので、それまで自分ができるピッチングをしようと考えていました。

ただこの7回、古畑に大きなレフトフライを打たれているんですよ。一塁ランナーに本橋がいて、けっこういい当たりで、打たれた瞬間は〝入ったかな〟とヒヤッとした当たり。古畑も、手応えがあったんじゃないですか。でもレフトの柴の足が止まったので、ああ、高く上がりすぎたんだな、と。相手はPLの四番ですから、対戦は楽しみでした。もっとも、延長15回に僕が三塁ベースまで行ったときには、〝オマエには絶対打たせないよ〟と話しましたけどね。実際この試合、古畑は6打数ノーヒットでしょう?」

そして8回表、横浜の攻撃。勝ち越し打を放ったPL・三垣の喜色が、今度はモノクロームに暗転する。

PLの稲田が横浜打線で警戒していたのは後藤と小山だったが、上重は加藤、そして佐藤、松本の下位打線。コツコツと当ててくる打者がイヤだった。8回は、先頭のその加藤にうまく左前に運ばれた。だが後藤、松坂が外野フライに倒れ、上重は二死までこぎ着ける。

打席には小山が入った。この試合では2ランのあともヒットを打つなど、当たっていた。ここでPLベンチは、ライトの井関に守備位置を下げる指示を与えた。二死一塁。ヒットならまだいいが、長打だと同点の場面だから、それは当然の指示だ。ですが、というのは横浜・渡辺監督だ。

「なぜか、上重君が1球目を投げる前に、ファーストの三垣君がスーッとベースを離れたんです。一瞬、目を疑いました。走者が詰まっている一、二塁なら一塁ベースは空けてもいいですが、走者は一塁です。一塁手はベースについておく場面でしょう。しかも走者は俊足の加藤です。一塁手がベースを離れたら大きくリードを取れますし、二塁盗塁がひじょうに楽になる。最初はなにかのワナだと思いました。PLクラスになると、どんな高度なことを仕掛けてくるのか分かりません。たとえばわざと走らせてウエストし、二塁で刺すつもりじゃないか、と。

ところがPLベンチを見ると、あわてているんですよ。おそらく、ライトの守備位置を下げるつもりの指示を、三垣君が誤解したのか……すかさず加藤に〝走れ！〟とサインを送りました。ただ加藤も、ワナかもしれないと警戒したんでしょう、なかなか走りません。2球目、3球目……。カウントがワンボールツーストライクになっても、三垣君はまだベースを離れたままです。加藤もようやく腹をくくったのか、4球目に走りました」

一塁走者・加藤がスタートをためらったのは、ほかのチームなら単純なミスとほくそ笑むこの局面でも、相手がPLだけに、なにかあるかもと警戒したからだ。それでも確かに、一塁側のPLベンチはあわてている。だが「三垣、ベースにつけ」という指示は、大歓声にかき消されて届かない。

三垣は、まだ一塁ベースから離れている。その4球目、いつもより一歩大きくリードを取った加藤は、上重が足を上げた瞬間にスタートを切った。もちろん、ゆうゆうセーフである。上重は、こう解釈していた。

「三垣が離塁しているのは、走者にわざと走らせて二塁で刺そう、いうことかなと。それで目一杯クイックで、しかも捕手が投げやすいように外角高めに投げたので、二塁は余裕でアウトかなと思ったんですがセーフ。びっくりしました」

小山が上重のストレートをセンター前にはじき返し、横浜が5対5と同点に追いつくのはこの直後のことだった。三垣によると、「自分としては、絶対ベースを離れちゃいけないというのは頭では分かっているんです。でも、一、二塁間をせばめて抜かれないようにするんやろか、盗塁はさせても打者勝負なんやろか、どっちがいいんやとベンチを見ていました」ということになる。

だがそれなら、タイムをかけて確認すればいいだけのこと。現に横浜には、ベンチの指示に疑問を感じたら質問するサインがある。それでも指示が変わらなければ、タイムをかけて確認するのが決めごとだ。

「二死で一塁に俊足の（加藤）重之がいるのに、一塁手がベースを離れるなど、絶対にあり得ません。どうぞ盗塁してください、と言っているようなものですからね。それなのに、ベースから離れてしまう。それが甲子園の雰囲気なんでしょうか」とは松坂だが、三垣もタイムを取ろうとは考えたのだ。だが、小山を追い込んだので、流れを切りたくないとちゅうちょした。それが、明暗を分けた。ちょっとした瑕疵《かし》、意思疎通の齟齬《そご》。なにごともなければとるに足らないはずだったことが、試合の展開を大きく変えた好例かもしれない。

横浜のサインの緻密さについては、神奈川県内の高校で監督を務めているOBから、こんな話を聞いたことがある。

「横浜では1年生でも、ゲーム形式の守備練習に入ることがあるんです。ただ、守備のサインが何十種類もあって、渡辺監督はこっちがそれを理解しているものとして守備に入れる。でも、何十種類ものサインはなかなか頭に入るものじゃありません。サイン通りの動きができないので、先輩たちにはよく怒られましたね。ですから、何十種類ものサインをノートに書いて、必死に覚えるんです。1ページ目から、サインの種類の羅列ですよ。そして、1年同士が校内の廊下ですれ違ったときなどは、一方がサインの動きをして一方が答える。〝セカンドおとりのショートけん制〟とか言って（笑）。書きためたノート3冊は、いまでも手もとにあります」

ともあれ、8回表二死から同点に追いついた横浜。渡辺監督はこのとき、この試合には絶対に勝ちたい、という執念が芽生えたという。

「失礼ないい方になりますが、走者がいるのに一塁手が塁を離れるようなチームには負けられない、という気持ちです」

9回は、PLの古畑が四球で出たが、けん制でアウトとなり、両チームとも3人で攻撃を終えた。かくして、極上のドラマは延長という第二幕に入っていく。

準々決勝のＰＬ学園戦。一塁手・後藤武敏に背中を支えられ延長 17 回裏のマウンドへ上がる松坂

第五章

対PL学園 その2

第80回全国高校野球選手権大会
横浜高校戦績

8月20日（準々決勝）※延長17回							
横浜	000	220	010	010	000	12	9
PL学園	030	100	100	010	000	10	7

［横］○松坂

［P］稲田―●上重

［本］（横）小山、常盤

11回、横浜が初めてリードも……

9回は、両チームとも三者凡退。延長に入るときには、試合開始からちょうど2時間になろうとしていた。発表された入場者数は4万3000人だが、それ以後もつめかけた観客が、ノドをごくりと鳴らし、固唾をのんでグラウンドを見つめている。

松坂大輔は、前日の星稜戦で148球を投げていた。この日も9回までで139球。ただ、横浜の渡辺元智監督は、「交代？　まったく考えませんでした。この年の春まで、松坂はすべて一人で投げてきましたから、3連投までは大丈夫だと思っていました。この試合も、たとえ延長18回まで行っても、代えるつもりはなかった。もちろん、球界の宝になる素材ですから大切にしなければいけませんが、だからといって松坂だけ過保護にするつもりはありません。第一、こんな展開になっては代えられませんよ。エースが必死になって投げているのに、それが欠けたらナインも戦意喪失でしょう」。

松坂にしても、マウンドを譲るつもりはない。自分が降板したらその時点で負け、だと考えていた。

準々決勝第2試合に登場する明徳義塾・馬淵史郎監督は、甲子園の室内練習場で戦況を見つめながら、こう思っていた。

「延長か。今日ウチが勝って、準決勝でこのどちらかのチームと当たったとしたら、延長が長引くほどウチには有利やな」

実際、この試合のあとに行われた準決勝の組み合わせ抽選で、明徳が勝ち上がればこの試合の勝者と対戦するのが決まることになる。

11回に、試合が動いた。実はその直前の10回裏、ＰＬの攻撃で打席に立った上重聡は、踏み込んで打ちにいった初球を空振りと判定されたとき、松坂のボールを左手に受けてしまっている。カーブだったからまだいいが、一瞬〝折れたか〟と思うほどの激痛。結局三振に終わったあと、ベンチ前でキャッチボールをしてみると、グラブが思うように扱えず、返球が捕れない。

河野有道監督にこっそり交代を申し出たが、「オマエで負けたらしょうがない、行け」。

上重は言う。

「交代を申し出たのは、不十分な投球で抑えられるほど、横浜打線は甘くないからです。だけど監督は〝ほかのピッチャーに代えて負けたら、見ている人は納得しないだろう。オマエで負けるのなら、認めてくれる。行け。オマエと心中だ〟と。いつもは稲田（学）の先発が多かったんですが、ああ、これでエースとして認めてもらえたな、3年間やっていてよかったな……と感激して、覚悟を決めました」

投げ抜いてやる、という上重の決意は別として、痛いのは痛い。左手なら投球に影響はないと思いがちだが、投げるときにグラブの中で握りしめることができないと、左腕の引く力が弱まり、微妙に投球のバランスが崩れるものだ。事実、11回の先頭打者・松坂への2球目は、大暴投になっている。

そこへ、守備も足を引っ張った。松坂のサードへのゴロが、イレギュラーしてレフトへ。小山良男がバントで送って一死二塁。続く柴武志の打球は、ショート・本橋伸一郎が追いつきながら、ボールはグラブの左を抜けた。いずれも記録はヒットだが、ピッチャーとしては処理してほしい打球である。

この柴のヒットで二塁走者の松坂が激走し、きわどくホームインするのだが、センターの大西宏明からは「いままでで一番」という素晴らしい球がホームへ返っていた。だがこれを、キャッチャーの田中雅彦（元ロッテほか）が捕りそこねる。もしきちんと捕球してタッチすれば、タイミングは微妙だった。

ちょっとVTRを巻き戻す。8回、小山のタイムリーヒットで横浜が同点に追いついたとき、やはりセンター大西からの返球が大きくはね上がった。これが、捕手・石橋勇一郎の顔面を直撃。石橋は負傷退場してしまっている。

河野監督が「石橋が抜けたらこのチームはおしまい」と高く評価する守備の要。横浜・小倉清一郎部長も、「そのリードは高校一」と一目も二目も置いていた。

同じ捕手として、横浜・小山は、「キャッチングがうまく、冷静」とひそかにライバル視していたから、退場する石橋を打者走者として達した二塁塁上から見て、「心配だった」という。これもシンパシー、だ。

その石橋の穴を埋めたのが田中雅だが、公式戦初マスクという2年生である。チームの要の代役としては、いかにも荷が重かった。ただ上重は、「あうんの呼吸だった石橋に比べたら、そら不安はありましたよ。だけど考えてもしょうがない。マサは石橋とはまた違った大胆なリードをしますし、横浜には、そのデータはないはず、と逆にポジティブに考えました」。

事実、上重と田中雅のバッテリーは、田中雅がマスクをかぶったばかりの8回二死二塁というピンチを切り抜けている。

それでも、三垣勝巳の8回の凡ミスがきっかけだったように、流れは横浜へ、横浜へと傾いているのか。捕手が交代していたこともその伏線となり、二塁から松坂が勝ち越しのホームを踏んだ。これで6対5。延長11回にきて、この試合で初めて横浜がリードを奪った。

だが、PLもその流れを必死でせき止めようとする。11回裏の先頭打者は、8回に代打で出てそのまま守備についた平石洋介。この大会初安打となるレフト左へのヒットで出ると、本橋が送り、一死二塁と一打同点の場面だ。だがここで、四番・古畑和彦は三振。二死二塁となり、打席には大西が入った。

「絶対、打ってくれ。頼む」

古畑は、大西にそう声をかけている。四番として、得点機で凡退した不甲斐なさにいたたまれなかった。

前日、佐賀学園戦ではホームランをかっ飛ばした古畑だが、この日は「絶対に打たせないからな」という松坂にいいようにやられていた。四球2つはあるものの、9回は先頭としての四球でサヨナラの走者になるはずが、ピックオフプレーで一、二塁間に挟殺されている。走者を置いた4度の打席もすべて凡退で、四番としての責任を痛感してもいた。それがあと一人、あとワンアウトの場面で、大西への切実な言葉になった。

二死二塁。ここで二塁走者の平石が、タイムをとってスパイクのヒモを結び直した。野球の機微をよく知る男ならでは、緊張した一瞬をふっと弛緩させる、絶妙の間だったかもしれない。

その直後、初球である。大西にはそこまで、カーブを2本ヒットされているのに、松坂はなぜか、魅入られたようにカーブから入った。

「僕は真っすぐなら大丈夫だと思ったんですが、小山のサインは初球カーブ。それまでカーブを打たれていたのに、僕はそのサインに首を振らなかったんですよ。ああ、ボールにすればいいんだな、というつもりで。それがスーッとストライクゾーンに行って、結果レフト前です。

考えまい、と思っても、どうしてもあと3人、あと2人、あと1人……と思ってしまったんでしょう。ここで終えよう、とまでは思いませんが、もう点はやらないぞ、と。それでも先頭打者を出したら、やっぱり簡単には終わらせてくれませんね」

しかも大西は、松坂の生還を許したとはいえ、その前の守備で好返球をしているように、いわば乗っている状態だ。なぜ小山は、そこまで打たれているカーブを選択したのか。

四番に集中しすぎたゆえの安堵。あと一人で勝てるという意識。あるいはもし、平石の〝間〟による弛緩がなければ。松坂は小山のサインに首を振っていたかもしれない。そして悪いことに、ボールにするつもりの松坂の投球は、ストライクゾーンに来た。自然にバットが出たという大西の打球は、サードの右を抜けていく。ふたたび、同点。

それにしても、さすがはＰＬだ。カーブという選択が間違いだったとしても、凡退なら試合終了の場面で初球から打ってくるとは――松坂は、ナインに申し訳なく感じ、そしてこうも思った。

「ＰＬは春、自分たちに負けているので、今度はどうしても勝ちたいという思いが投げていて分かりました。でも明らかに僕、延長に入ってからのほうが調子がよかった。エンジンがかかって、延長15回には１４７キロが出たでしょう。いつもより時間がかかりましたが、やっと目が覚めた（笑）。でもそれが、逆によかった。前半に飛ばして後半落ちていったら、もっと点を取られて、９回で終わっていたでしょう」

やっぱりバケモンや

11回裏、同点に追いつかれた横浜・渡辺監督だが、なんとしても勝ちたいという思いとは別に、スッと気持ちが楽になったという。

「もういい、これ以上選手に、とくに松坂に過酷な戦いをさせたくないという思いがよぎったんです。センバツは優勝できたし、ベスト8まで進んだことで、もう一つ大きな目標である秋の神奈川国体にも出場が確実になりました。そして、名門ＰＬとここまでいい試合ができれば、監督冥利に尽きる……あとは球運に託そう、と」

上重は、8回に救援したセンバツでは打席に立つことがなかった。つまり、松坂とは対戦していない。だからナインから、「松坂のスライダー、消えよるぞ」と聞いても、いまひとつピンとこなかった。消える、ゆうたかて実際にボールを投げてるやないか。だが8回、先頭打者として初めて打席で松坂の球と対峙すると、「ホンマに消えました」とサードゴロに倒れている。

やっぱりバケモノ、ピッチャーの常識外とPL打線が目を丸くしたように、松坂はむしろ、回が進むほどスピードが増していった。以前書いたように、そのスタミナは驚異的だ。15回を終えた時点では球数が223に達するのだが、松坂本人は、「大会中は、休養後の初戦より連投になったほうがいいボールが行きますし、試合の中でも後半のほうがボールが走る」と言い、12回から15回までは打者12人をパーフェクトだ。ボールそのものとスタミナはもちろん、フィールディングも間の取り方も絶妙。桑田真澄の高校時代を知るPL・河野監督は、「間の取り方は桑田よりうまい。高校生の中にプロがいるようなものです」。そういえば横浜の合宿所では、ナイター中継を見ながらプロの投手と比較し「マツ、オマエのほうが速い！」という声が飛び交うんだった。

延長を重ねるにつれ、渡辺監督の勝利への欲求はますます強くなっていく。

「選手に負担をかけないように、勝ちたい勝ちたいと思うな、結果はいいんだ……という言葉のテクニックはあります。私自身も、いいゲームをすれば結果はしょうがない、と思うことで、この試合では気持ちは楽になっていました。ですがその半面、ここまで来たら、なにがなんでも勝ちたい、なんのために練習してきたんだ……という思いもあったんです」

蘇生した松坂に対して、上重は毎回のようにピンチを背負う。

13回、一死一、二塁は三振と内野ゴロで、14回、一死二塁は小池正晃をセカンドライナー併殺でしのいだ。15回の無死一塁は、後藤武敏のバントの小フライに自らダイビングキャッチ。お気に入りでよく見ていた桑田のプレーのように、「これを捕ったら桑田さんばりやな」と、これもゲッツー。この回は、そこから二死二、三塁とされるが、ここも柴をセカンドゴロに打ち取った。

16回も、これでもかとピンチは続く。先頭の常盤良太が一、二塁間を破り、佐藤勉の送りバントのあと打席には、九番・松本勉だ。2ボール2ストライクからの打球は、ショート後方に上がった。レフトの田中一徳とショートの本橋が打球を追う。打球は、その2人の間に落ちた。ポテンヒット。ダイレクトで捕られると自重した常盤は二塁にそのままで、一死一、二塁となる。

「本橋はこの日、どこかおかしかったんです」と言うのは、上重だ。

「11回、柴のタイムリーヒットは、足がまったく動いていなくて、打球に追いつきながら捕れなかった。また、もともと後方のフライは苦手だから、あまり捕りにいかないんです。しかもレフトは俊足の一徳でしょう、任せればよかったのに、このときだけはなぜか深追いしてヒットにしているんですよ」

本橋は中学時代から名の通った選手で、入学時には全員がその名前を知っていたほど。事実、1年の秋から定位置をモノにしている。だがこの日は、初回から変調をきたしていた。

後藤のショートゴロを処理したはいいが、ふつうのゴロなのに捕球の瞬間、差し込まれるような感じがしたのだ。差し込まれるということはそれだけ打球が鋭く、ふつうの感覚でいてはグラブを出すのが遅れかねないということ。よけいに、神経質になった。

10回の守備では、幸い点にはつながらなかったもののエラーを犯した。11回、松坂の打球が三塁手・古畑の前で大きくはねた。さしもの甲子園の黒土も、大会が進むにつれて荒れがちになり、5回終了時のグラウンド整備だけでは回復しきれない。

大きなイレギュラーを見た本橋は、ナーバスの度合いをさらに募らせる。となるとなかなか、自分のリズムで守れない。イニング前には、荒れた守備位置周辺の土を手でならすのがルーティーンだが、それすら忘れることがあった。

16回、一死一、二塁で横浜の打順はトップの小池に。止めたバットに当たった力のない打球が三遊間に転がった。追いつく本橋。しかし〝どこかおかしい〟本橋がこれをファンブルし、記録は内野安打となる。一死満塁だ。打席には、上重が神経をとがらせる加藤。センバツでは上重から決勝のスクイズを決めているし、勝ち越し点が欲しいここも、スクイズがあり得る場面だ。

PLの野手がマウンドに集まる。1点もやれない場面だから、前進守備は当然だ。捕手の田中雅が確認する。

「スクイズがあったらどうしますか？」

右投手の上重にとって、三塁走者のスタートは見えやすい。あるいは、打者がバントの構えをしてから大きく外す手もある。上重は、ここはスクイズはないと読んでいたが、経験の浅い田中雅に対しては、なんらかの対策を指示したほうがいいだろう。

「スクイズをやってきそうだと感じたら、オレが目で合図する。それが外す（ウエストする）サインだから」

「は？」

聞き返す田中雅に、上重は「こんなふうに、や」と2度、3度と大きなまばたきをして見せた。円陣が解ける。結果として上重から目の合図は出ず、加藤は初球を打ち、横浜はスクイズをしなかった。

「スクイズは考えませんでした。この夏の大会では、小細工はせずに易しい野球をしよう、試合になったら彼らに考えさせて任せよう、と。チームワークのよさでは、歴代でも一番のチームでしたから」と渡辺監督は言う。スクイズはしない。となると打席の加藤は、どうやって三塁ランナーを返すかだけを考える。その答えのひとつが、ゴロを転がすことだった。

容赦なく照りつける日差しに、走り回るランナーの無数のスパイクの跡。フィールドは、内野手にとって気の毒なほどに荒れていた。ピンチのときなどは胃が痛くなるほどだ。ゴロが来るならいっそ、頭の上を越えてくれ――本橋がそう思った初球。真っすぐを打った加藤のゴロは、高く弾んで本橋がキャッチする。

前進守備とはいえ、水気を失ったグラウンドでボールが弾んだ分、本塁には間に合わないタイミングだ。一塁へボールを送る間に、常盤が再度勝ち越しのホームを駆け抜けた。ランナーを置いたら、とにかく叩きつける。横浜らしい、ソツのない点の取り方だ。

上重にしてみれば、注文通り内野ゴロを打たせたのに、あまりにもバウンドが高かった。前進守備じゃなく中間守備だったらゲッツーが取れたかも……ちょっとだけ、「たられば」を考えた。

16回表を終わり、７対６。内野ゴロを打った加藤が「これで勝てる」と思ったように、流れは横浜にある。さしもの好ゲームもこれで決着か……大観衆の多くも、そう予感した。だがなにしろ、甲子園で何度も奇跡的な力を見せてきた逆転のＰＬである。センバツの明徳義塾戦にしても、１点差の９回二死満塁から追いつき、10回にサヨナラ勝ちしているじゃないか。なにかが起きるかもしれない。

雨天練習場で出番を待つその明徳・馬淵監督はこう考えていた。

「ウチが勝たな始まらんけど、もしこの勝者と当たるとしたら、ここまで延長をやっているんだからかなりウチに有利よ。春に負けているPLともやりたいし、ウチの打線と松坂を対戦させてもみたい」

だが……試合はまだまだ、終わらない。

極上のミステリーは、まだ終わらない

甲子園のネット裏中段、やや三塁側寄りの記者席にいる僕も、妙な気持ちだった。試合の行方を見届けたいのは山々だが、できるだけ長く続いてほしいという相反する思いもある。

極上のミステリーを読むような感覚だ。ストーリーにのめり込むほど、早く結末を知りたくなる。さりとてページ数の残りが少なくなっていくのはどこか寂しく、読み終わ

るのがもったいないのだ。

甲子園には当時、延長18回引き分け再試合という規定があった。だが上重は、どうせなら決着がつくまで続けたいと感じていた。

「確か延長15回か16回に、大会本部から通達があったんです。もし引き分けに終わったら、明日の午後1時から再試合ということでした。ベンチは奮い立ちましたね。再試合になったら松坂は投げないだろう、それなら勝てる……じゃなくて、松坂が投げない横浜に勝っても意味はない、今日決めようぜ！　というわけです。

ただ僕は、18回で終わるのはもったいないし、ずっと続けたいな……という気分でした。勝ち負けというより、あの松坂と投げ合えていることが楽しくてしょうがないんです」

もっと試合が続いてほしい……それは、スタンドの観客も感じていたことだろう。

〝逆転のPL〟。そのルーツは、初の全国制覇だった78年夏にさかのぼる。中京（現中京大中京・愛知）との準決勝。中京の武藤哲裕の前に無得点のPL、4点を追って9回の裏の攻撃は、西田真二（元広島）の長打を皮切りに2点を返し、さらに二死満塁から内野安打で同点に。すると延長12回、押し出しのサヨナラ四球で決着をつけた。

神がかり的な粘りは、翌日の決勝戦も続く。高知商の左腕・森浩二（元オリックスほか）に抑えられ、0対2のまま9回だ。すると、まるで最終回を待っていたように猛反撃。一死二、三塁から木戸克彦（元阪神）の犠飛で1点差とし、西田の二塁打で同点に、そして柳川明弘の打球が深々と左中間を破り、2日続きのミラクル逆転劇が完成するのだ。最終回、しかも大一番でのこのドラマチックさは、絶体絶命でも最後には必ず勝つ、スタローンの映画のよう、といったらいいか。

翌年のセンバツでも、2対3から8回に4点を挙げて中京商（現中京・岐阜）を逆転し、やはり8回に4点差を追いつき、10回にサヨナラ勝ちした宇都宮商（栃木）戦を経て、PLといえば逆転、という構図が固定した。

さらに81年センバツ、中村順司監督初めての甲子園でも決勝に進むと、印旛（現印旛明誠・千葉）に1点をリードされた9回裏に同点に追いつき、エース・西川佳明（元ダイエーなど）がサヨナラヒット。84年夏の金足農（秋田）との準決勝では、1対2の8回裏に、桑田が逆転2ラン。さらにこの年のセンバツでも、明徳義塾にサヨナラ……。

枚挙にいとまがない。しかも多くが、甲子園の準々決勝以降というクライマックスである。だから鮮烈度は群を抜く。これらのドラマの筋書きのなさは、むろん数式や理論で説明できるものじゃない。だけど、劣勢の終盤にＰＬが走者を出すと、甲子園全体が「さあ始まるぞ」という空気になるのである。

その空気に相手は萎縮し、ＰＬは呪縛から放たれる。たとえば明徳戦では9回裏、寺本四郎が四球病で自滅した。

そして……。

ＰＬ対横浜という極上のミステリー。残りページが最長でもあと2イニング半という16回裏のＰＬは、先頭の田中一がサードの右を破って出塁した。外を狙った変化球が真ん中に入り、この日4本目のヒットだ。

田中一の打球は、凡退も含め見事なまでに二塁ベースから左に集中している。終わってみれば田中一は、この大会17打数11安打という驚異的な打率と、チームはベスト8ながら出場全選手中の最多安打を記録した。

いずれにせよ、ＰＬにとっては延長11回以来、久しぶりに出したランナーだ。まだまだだ！　田中一が、小柄な体いっぱいに一塁塁上で主張し、高校野球をよく知っている甲子園のファンも、「なにかが起きるかもしれない、ＰＬがこのまま終わるわけがない」。スタンド全体が、グッと身を乗り出すような気配だ。

平石のバントで田中一が二塁に進むと、本橋の２球目に松坂が暴投。２年の夏、神奈川県の準決勝で、横浜商に与えたサヨナラ暴投以来、ほとんど記憶がないほど珍しいことだった。これで一死三塁。なにかが起きる……かもしれない。いや、起きてほしい。

選手たちにもシンパシー、仲間意識が芽生えていた。こんないいゲームをしているんだから、どっちが勝っても負けても、最後は運に任せるしかない。その運の天秤は、攻守交代ごとにあっちへ傾き、こっちへ傾いていく。

打席には本橋。この日は守備だけじゃなく、打席でも元気がなかった。「大会中ずっと調子が悪くて、とくにこの日は打てる気がしませんでした。松坂の球が速いのでとにかくタイミングを合わせようと思っているのに、変化球でかわされて……完全なボール球にも手を出していました」と、２四球のほかは４打席凡退だ。転がしてください……本橋の不調を見抜いている田中一が、荒れたグラウンドを指さした。ゴロさえ転がれば、それこそなにかが起きるかもしれない。

カウント、ツーツー。本橋の打球は一度はずんで、松坂のグラブにちょっとふれたが、ショートの名手・佐藤勉が回り込む。これをさばき、田中一を目でけん制して一塁に送球した。

その、瞬間。田中一は「ちょっと迷ったが、イチかバチか」本塁へ突っ込んだ。50メートル5秒6の快足。だがタイミングは、明らかにアウトだ。事実小山は、「もうけたな、PLでもあわてることがあるんだ。次は四番なのに」と、本塁でのタッチプレーに備えてマスクを脱ぎ捨てた。

一塁手の後藤も、田中一が走るかもしれないと想定はしていた。ふだんでもよく練習している状況だ。まず、一塁はアウト。ところが。本塁以外では初めて見た、とPLナインが口をそろえる本橋の一塁へのヘッドスライディングで、後藤がバランスを崩した。倒れそうになりながら投げたボールは、小山のはるか上への大暴投となる。同点のホームにすべり込み、両手でガッツポーズをする田中一のかたわらには、本橋の守備妨害をアピールする小山の姿があった。

だがアピールは通らず、得点が認められる。二死で走者はなくなったが、なんということかこれで7対7、ふたたび同点だ。勝利の女神はまだ、微笑みかける相手を決めかねているのか。松坂は言う。

「やっぱりねえ、ガックリきました。ふつうにホームに投げていれば、明らかにアウトですから。逆に一徳は、セーフでよかったな（笑）。あれでアウトだったら、なにを言われるか分かりませんもんね。

とにかくこの試合ではね、後藤が監督に怒られていたのが印象深いんですよ、ベンチ裏で（笑）。後藤の腰がひどく悪いのも、ずっと痛み止めを打っているのも知っていました。それにしてもこの試合は、ことごとくブレーキでね。打てず、バント失敗もあり、また神経質だから、そういう悪いことを引きずるタイプなんですよ。この16回の守備では、監督に〝オマエとは縁を切る！〟とまで言われて、ますますシュンとなってましたね。でもこれはあとで分かったことですが、後藤は腰の骨を疲労骨折していたんですよ。やっぱり、足腰が弱くなっていたんでしょう。ふつうでは考えられない悪送球でしたからね」

もうオマエとは縁を切る！

まったくもってこの試合、後藤にはいいところがなかった。2回の守備では、カットしなければ本塁でのタイミングが微妙だったセンター・加藤からの返球をカットしている。4回の打席では、走者を二塁に置いたら右打ちが基本なのに、強引に引っ張って凡退した。延長15回の無死一塁では、初球送りバントを上げてしまい併殺と、チャンスの芽をつぶしてしまっている。

とどめが、このミスである。涙が出るくらい、情けなかった。

「息をしても腰が痛いくらいだったんですが、それにしても僕の野球人生最悪の試合です。ですからたまたま、高校野球の番組で目にしたことはありますけど、自分からこの試合のビデオを見たことはないですね」と後藤は振り返る。静岡・浜松から横浜に入学したときには、小山や小池ら、才能あふれる選手を前に腰が引けたが、1年生からただ1人ベンチ入りを果たし、夏の甲子園でも代打出場したのが後藤だ。

だが、ケガに悩まされ続けた。その冬には右足首を骨折して3カ月入院した。患部を固定するボルトは1年後に除去したが、この夏も東神奈川の決勝で違和感のあった腰が、開会式2日前に痛くなった。以後は歩くのも座るのも痛く、試合前日の夕方、あるいは試合後は、整形外科での治療を繰り返していた。

前日も、星稜との試合終了後整形外科に直行し、痛み止めの注射を打っている。寝ている間に何回か、痛みで目が覚めた。バットを振る際には痛みで力が入らない。

2回の守備で「ノーカットだろ！」と言われ、4回は凡退し、その裏の守備ではゴロに飛びついたときにただでさえ痛い腰をひねった。その痛みで集中できず、気持ちも沈んでいく。

1点を追う8回無死一塁ではバントのサインが出たが、悪いイメージばかりが浮かぶ状態で、ファウルのあと結局は右飛。10回にも、二死走者なしで後藤に打席が回った。中途半端なスイングが空振りと判定され、三振。後藤は思わず、えっ？　という表情で岡本球審を振り返った。

そういう伏線があって、さらに16回の守備が、渡辺監督の逆鱗に触れることになる。

「あの守備では、送球を受けた後藤が横にステップして投げたらアウトのタイミングでした。実際そういう練習も、日常的にやっているんです。ところが、そのままホームに投げて腰砕けで、悪送球です。ちょっと足を外せば間に合うのに……10回の打席での態度のこともありますし、もうはらわたが煮えくりかえって、ベンチに帰ってきた後藤をめちゃくちゃ怒りました。〝もうオマエの顔なんか見たくない！　引っ込めるから、堀（雄太）、次はオマエがファーストを守れ〟と。ですが、ファーストに行けと命じた堀本人が、くすくす笑っているんですよ。〝監督、もう僕、出ています〟。先発で使って、途中から代えたことさえ忘れていたんです。

ただ、そこでふとわれに返りました。冷静になったというか、あらためて勝ちたいという執念がわいてきて、初めて選手たちに〝勝て！〟と言ったんです。松坂がかわいそうだろう、とも言いました。ふだんチームワーク、チームワークと口を酸っぱくしていますから、かわいそう、ということを名指しで口にするのも初めてでしたね」

後藤が涙を流したほどのこの渡辺監督の怒り、本人はのち「1973年ころとあまり変わっていない」と苦笑したが、センバツで優勝したその73年には、こんなことがあったのだ。延長にもつれた広島商との決勝だ。

「やっと10回に1点を勝ち越し、よしっ！　と思ったんです。ところがその裏、レフトの冨田（毅）が楠原（基）君の打球をグラブに当てて落とし（記録はヒット）、同点。勝ったと思ったらエラーですから、ベンチに戻ってきたらぶん殴ってやろうと思っていたんです。チェンジになり、手ぐすねを引いていたら、その冨田がおそれをなして、なかなか私の近くに来ない。私が腹立ちまぎれに投げ散らかしたものを、整理でもしていたんでしょうか。ただ、そこで間が空いたことで、私自身ちょっと冷静になったんですね。〝次に打てばいいじゃないか〟と、自分でも不思議なほど優しい言葉を冨田にかけていたんです。そうしたら……とんでもなくやんちゃな冨田が、涙を流すんです。鉄拳を覚悟していたのに、優しい言葉をかけられるなんて、思いもよらなかったんでしょうね。

するとその冨田が延長11回、ツーアウトから決勝の2ランホームラン……。ふだん、ホームランを打つような選手じゃないんです。この大会ではヒットこそ打っていましたが、ポテンヒットなどの運に助けられていた。それが、ポール際の最短距離とはいえホームランです。ひとつ学びましたね。それまではスパルタ、スパルタでやっていましたが、いかに選手を気持ちよく打席に立たせるか。それが大切で、もし〝打てそうもねえなあ〟と思っても〝しっかり打ってこい〟と送り出す。一生懸命やっていて結果が出ないのを、試合中にあれこれ言っても効果はありません」

後藤も、一生懸命やっていたはずなのだ。ただ、この試合では悪いほうへ悪いほうへ傾斜してしまった。そのことが不甲斐ない。だからこその涙。冨田同様、涙を見せた後藤がヒーローになるのは、まだ先の話である。

オレが絶対打ってくるから！

16回を終わって7対7。横浜は17回の攻撃を迎え、規定の18回まで、残す攻撃はわずか2回だ。松坂も、それを意識した。

「リードするたびに追いつかれ、さすがにこのときは〝ああ、18回引き分け再試合かな〟というのが頭をよぎりました」

17回、横浜の攻撃は、3安打と当たっていた松坂がキャッチャーへのファウルフライに倒れる。同じく3安打の小山は、投げた上重が「やばいっ!」と振り返るレフトへの大きい当たりだったが、田中一が俊足を飛ばしてフェンス際で抑えた。僕は守備のファインプレーをスコアブックに「!」で示すことにしているが、PLでは田中一にそのマークがつくことが多い。

2球で二死は、PLの流れなのか。引き分け再試合の気配は、一死ごとに濃厚になる。渡辺監督は内心、こう思わざるを得ない。

(再試合になったら、松坂は投げさせられない。そうなると、負けるだろうな)

左打席には柴。この日は左腕・稲田が先発したため代打からの出場だが、前日の星稜戦は三番に入っていたほどだから、打力はある。

1球ファウルのあとの打球は、守備位置の荒れたグラウンドを、しつこいほどスパイクでならした本橋の前に飛んだ。イージーバウンドだ。これまでボールが手につかなかった本橋も、このゴロはがっちりキャッチした。

だが「荒れたグラウンドでゴロを捕ることだけに集中していて、投げることに気が回らなかったのか……」という本橋の送球が、一塁手頭上に高くそれる。チェンジのはずが、二死走者一塁。次打者席にいた常盤に、打順が回ることになった。

16回裏にはＰＬにかしいだ天秤が、今度は大きく横浜に傾いている。松坂が、不思議なことを言った。

「16回を終えてチェンジになり、先頭打者で凡退してベンチに戻って、オレはなにやってんだろ、と沈んでいるとね……常盤が、ポンと肩をたたくんです。〝オレが絶対打ってくるから〟と。これはホントなんですよ。そして、簡単にツーアウトになったあと、柴がエラーで出るでしょう。本来なら回るはずのない打順が、常盤に回ったわけです。そのことに、巡り合わせみたいなものを感じましたね」

常盤は小池、小山、後藤、松坂とともに、シニア時代全日本代表に選ばれた逸材だ。だがセンバツでは、背番号14。１回しか打席に立っていない。

夏は背番号5をつかみとり、相手投手が右ならスタメンに昇格していた。この試合でもピッチャーが左の稲田から上重に代わったあと、延長11回に代打で登場し、そのまま守備についている。延長16回にはヒットで出て、一時は勝ち越しのホームを踏んでもいた。

繰り返しになるが、ここまでの雑談取材によると、「センバツでチームは優勝したけど、僕自身出番がなかったんで、うれしさも半分。今回は、ホームランを打つのが夢」と話してくれたのが常盤だ。

小倉部長によると、「常盤はだいたい、3打席目から当たりが出る」。その通り、11回に代打で出てから16回のヒットが3打席目だった。

二死、エラーで出た走者が一塁にいる。PLにとっては、慎重を期してタイムを取る選択肢もあった。だが上重は、大げさに考えたくないと、そのままプレーを続けることを選んだ。

「僕は走者を置いても、粘って粘って……という投球スタイル。バッターで勝負すればいいという考えなので、エラーでもさほど落胆したわけじゃありません。そこでタイムを取ると、意識しなくてもいいのにバックが大ごとだと思ってしまうのがいやで、あえてタイムを取らなかったんです」

松坂は、三塁側ブルペンでその裏の投球に備えてキャッチボールをしている。PLベンチでは河野監督が「初球だ、初球に気をつけろ」と叫んでいた。その声は、大歓声にさえぎられて上重に届いたかどうか。

８回の横浜の攻撃で、ＰＬの一塁・三垣は、守備位置の指示に疑問を感じながら、タイムを取って確認することはなかった。打者を追い込んだから、タイムを取ると流れを切るように感じたからだ。そして、ここでも……。

田中雅のサインは外のストレート。上重は過去、左打者に変化球を2度ホームランされており、「アイツ、そのことを知ってんのか」。田中雅は、柴の盗塁を警戒しての真っすぐ要求だ。

その、初球。サイン通りの外角いっぱいのストレート。金属音が響いた。打球は、右中間方向に飛んでいく。風は、ライトからレフト方向に吹く浜風。逆風である。三塁側ベンチ前でのキャッチボールの手を休めていた松坂は、白球の軌跡を追った。

「打った瞬間、ボールが見えなかったんですよ。客席の白いシャツに重なって見づらくて。でも球場がどっとわいて、あ、入ったんだと気がつきました。これが1点のリードだったら、まだ分かりません。相手はＰＬですし、現に延長に入ってから2回も追いつかれていますから。でも2ランでしたから、これはとどめかな、と。

ほんとうに常盤が言ったとおりになるのは、やっぱり、野球には流れというものがあるんですね。たとえば、ウチの守りにはイレギュラーがほとんどなかったのに、ＰＬの内野はさんざん悩まされた。これもなにかの流れじゃないですか」

逆風をものともしない一撃。常盤は意外性のある打者、と言ったのは小池だが、常盤本人から「ホームランを打ちたいんですよねぇ」と聞いていたこちらにしても、まさかそれがこの大事な場面で出るとは……という思いだ。

常盤の2ランで決定的な2点が入ったその17回裏、さすがのＰＬも反撃する余力は残っていなかった。大西、ショートゴロ。三垣、ライトフライ。田中雅、三振で三者凡退。高度な知略を巡らせた。美技もあれば快打も激走も、そしてミスもあった。3時間37分の珠玉の活劇が、こうして終わりを告げることになる。

僕のスコアブックには、最後の打者・田中雅の三振を示すマスのわきに、「ガッツポーズの余裕なし」と書かれている。最後の見逃し三振は、松坂のこの日２５０球目のスライダーだった。

「最後の打者を打ち取ったとき、急に〝ず〜ん〟という脱力感が出てきたんです。ガッツポーズをする余力さえ残っていませんでした。あの試合では、延長になってから、やっとエンジンがかかってきた。投げている間はずっと気を張っていたんで、体の中に力がみなぎり、しんどい、ということもそれほどなかったんです。それが、やっと終わったというので、たちまち気が抜けたんでしょうね。上重は、延長引き分けじゃなく、決着がつくまでいつまでもやっていたいな、と思っていたようですが、僕はそうじゃなかった（笑）。正直、早く終わりたいな、と思っていました」

上重はのち、こう振り返った。

「常盤への１球は、あらかじめ決まっていた結末に向かうような感覚でした。吸い込まれるように、そこに投げていましたね。打たれた瞬間は無表情を装ったつもりですが、あとでテレビを見たらその瞬間、〝あ、やられた！〟という顔をしていますよね（笑）」

試合終了の瞬間は、ネクストバッターズサークルで迎えた。整列し、試合終了の挨拶をすませ、松坂になにか声をかけたかったが、ほかのナインに出遅れてそれはかなわなかった。

「でも、悔しさよりも充実感が先でした。センバツでは、点差以上の実力差に屈辱感があったんです。でもそれ以後、横浜を目標に頑張ったから、あれだけの試合ができた。頑張れば結果がついてくるということを、松坂の、横浜のおかげで実際に体験できたんです」

ＰＬの河野監督は、「選手たちは信じられんことをやってくれた。ただただ頭が下がるばかり。素晴らしい教訓を下級生に残してくれた」とねぎらい、ＮＨＫのテレビ中継では、石川洋アナウンサーが両チームの試合終了の挨拶をこう実況した。

「勝って泣く顔があります。負けて笑う顔があります」

横浜の小山が勝って泣けば、負けて笑ったのが上重。このフレーズはのち、上重がアナウンサーを志すきっかけになったという。

松坂の言葉で、この長い長い試合を締めくくろう。

「3時間37分ですか。前日負けた帝京（東東京）に、木村（勇夫）というシニア時代の仲間がいたんですけど、帰京する新幹線に乗るときにちょうど試合が始まり、東京の家に帰ってテレビをつけたらまだやっていたそうです。僕の友人は、けっこうこの試合のビデオを見たいと言うんですけど、僕はそんな長い間見たくない（笑）。ただ、常盤の2ランは何回も見ています。とにかく自分の野球人生で、一番苦しかった試合。苦しい場面では、〝まだ明日もある、明日も投げてやる〟と言い聞かせて投げていました」

延長17回表、横浜の常盤良太が上重聡から右中間スタンドへ決勝打となる２ランホーマーを放った

３時間37分の死闘を繰り広げた横浜とＰＬ学園の選手たちは試合後、健闘を称え合った

第六章

対 明徳義塾／京都成章

第80回全国高校野球選手権大会
横浜高校戦績

8月21日（準決勝）

明徳義塾	000	131	010	6
横浜	000	000	043×	7

［明］寺本―●高橋―寺本

［横］袴塚―斉藤弘―○松坂

［本］（明）藤本、谷口

8月22日（決勝）

京都成章	000	000	000	0
横浜	000	110	01×	3

［京］●古岡

［横］○松坂

［本］（横）松本

明徳義塾の黒潮打線

横浜が、ＰＬ学園との歴史的な試合を終えたその、夜。後藤武敏はなかなか寝つけなかった。腰の激痛は、そのまま整形外科に行って治療し、多少は収まったが、自分の気持ちが収まらない。渡辺元智監督から試合中に「縁を切る！」とまで言われた、ボーンヘッドの数々だ。情けなくて涙が出そうだ。

意気消沈してホテルの自室に戻ると、電話が鳴った。

「ハイ……」

相手は、壁1枚隔てて隣室にいる松坂大輔だった。

「へこんでたみたいだから電話したけど、もう気にすんなよ。ゴッちゃん（後藤）が打線にいるだけでチームのムードが違うんだから、落ち込むなよ。明日は絶対、ゴッちゃんの力が必要になるから頼むよ」

ありがとう。今日はごめんな、足を引っ張って……と答えながら、後藤はこう思った。

「松坂こそ、２５０球も投げてへとへとになっているはずなのに、こっちを気遣ってくれて……。なんていいヤツなんだ、と思いましたね」

松坂の記憶はちょっと違っていて、消灯時間を過ぎたあとに後藤から電話があったのだという。

「後藤はたぶん、もう試合に出たくないくらい落ち込んでいたと思いますよ。食事のときも、いつもなら喜んで食べるのに、みんながはしゃいでいる中沈んでいましたから。でも、確かに試合のときはガックリしましたけど、僕の中ではもう終わっていることですから。だからなんとか、励ましておきました。あれが打順にいる、いないで、全然違うんです。頼もしい仲間ですから、明日はしっかりやれよ、と」

その、およそ8時間ほど前だろうか。明徳義塾・馬淵史郎監督は、甲子園の室内練習場で出番を待ちながら、ＰＬと横浜のいつ終わるとも知れない死闘をモニターテレビで見つめていた。もしウチが準決勝に進出して、この勝者と当たるならがぜん有利だ――。

結局、準々決勝第1試合に勝った横浜が、第2試合の勝者と当たるクジを引いた。そして第2試合の明徳は、春の準優勝校・関大一の久保康友に13安打を浴びせ、11対２で大勝。夏は初めての4強に進出し、横浜と対戦することになる。

さかのぼって、この年のセンバツ。明徳は準々決勝でPLと対戦し、ほぼ勝利を手中にしていた。好投の寺本四郎（元ロッテ）が9回、自らの勝ち越しホームランで2対1とする。あとアウト3つで、準決勝進出だ。

だが9回の裏、寺本が突如制球を乱し、先頭打者を歩かせると計4四球でむざむざ押し出しの1点を与えてしまう。延長10回裏、PL・稲田学のサヨナラ打も、四球と死球がからんで陥った一死満塁のピンチからだった。2対3。エース・寺本の重度の四球病による、悔やんでも悔やみきれないサヨナラ負けである。

この1998年の話を聞きに明徳に行ったとき。馬淵監督に「メシでも食おか」と誘われた。

街道沿いの店。高知市内から西に約20キロ、須崎市の横浪半島の山中に位置する明徳義塾から下りてきた、宇佐のあたりだ。オレは魚にはうるさいけど、ここのカツオはうまいんよ……と馬淵監督が言う。

窓の向こうには、雄大な太平洋が青々と広がっている。歴史好きな馬淵監督によると、中浜（ジョン）万次郎はこのあたりから漁に出たところ黒潮に流されて遭難。アメリカの捕鯨船に救助され、彼の地で暮らした後に幕末に帰国すると、明治維新のカゲの演出者となった。

滔々と流れる、力強い海のうねり。いつのころからか高知、あるいは黒潮沿いに沿岸を北上して和歌山、千葉あたりのチームが強力打線を持つと、位置関係から決まって〝黒潮打線〟と形容されるようになった。

いやいや、あの年の打線はそんなたいそうなもんじゃなかったわ……馬淵監督が、つるりと額をなでる。

98年のセンバツではベスト8に進んだが、それ以後の明徳は、自業自得のサヨナラ負けの後遺症か虚脱感からか、魂を抜かれたようになった。春の高知県大会で優勝した高知とのチャレンジマッチでは、土居龍太郎（元横浜ほか）にひねられた。

もともと馬淵監督に言わせると、「個人事業主の集まり」みたいなチームだった。全員が生意気で、オレがオレがの集まり。エラーをすると、寺本はその野手を名指しで非難し、寺本が打たれると、野手は平気で文句を言った。

四球病が頭をもたげかけると、いたわるのではなく「ストライク投げんかい!」。塁に出ても、後続が返してくれないとボロカスだった。そういう個性的なチームでいったん歯車が狂うと、いやなひずみが音を立てることになる。

「白状しますけど、5月ころには寮から脱走して、岡山の実家まで帰ったことがあります。両親がびっくりして、その日のうちに帰らされましたが。これ、という理由はないですけど、とにかく勝てないことでチームがバラバラでしたね」とは、寺本との二枚看板・高橋一正(元ヤクルト)である。

だがそこは、91年の就任以来、その時点ですでに春夏6回の甲子園経験がある馬淵監督である。業を煮やしたら、あえて突き放してみた。

どうやっても同じやったら、いっそ勝手にせえ! まかり間違えば、取り返しのつかない荒療治だが、結果として、個性的な選手たちの危機感をあおることになった。キャプテンだった寺本の証言。

「みんなそれぞれ、自分が一番というプライドがあるわけです。たとえば僕がキャプテンなのに、だれもキャプテンとは思ってくれないんですよ。だから自分の考えと違うところがあったら、引かんとこもある。それが、センバツのあとなかなか勝てなかった原因だと思う。

でもね、みんななにをしに明徳に来ているのか。僕が徳島から明徳に進んだように、隔離された全寮生活で３年間なにかを犠牲にしているのは、甲子園に出るためです。それやったら、自分の考えと違うことがあっても、ここは割り切っていこうや、と話し合った。議論するよりは、甲子園に出ることにエネルギーを使おう、と。で、とりあえず打線がつながらない状態だったんで、僕が打順を決めました。まずは、センバツまでは出たり出なかったり、出ても下位だった藤本（敏也）を一番にした。下位でのんびり打っていたから、責任を持たせたんです。それと、捕手をやっていて状況判断のいい津呂橋（昌史）を二番。クリーンアップはまあいいとして、下級生３人は下位にしとこう、と」

この打順変更がきっかけだったのか、それとももともと上昇期に入ったのか。ともかくそこからの明徳は打線がつながり始め、センバツ後の停滞がウソのように、本来の力を取り戻す。こんなに簡単にチームが変わるのなら、もっと早くやっておけばよかったと思うくらいの変わりようだった。

すでに6月の声を聞いていたから、時期としては切羽詰まった立て直しだったが、そもそも力はあるから、夏の高知大会は順当に勝ち上がる。決勝では因縁の高知・土居を相手に0対1の8回に追いつくと、延長11回裏に谷口和弥のホームランでサヨナラ勝ち。この谷口も、5月には脱走したクチだった。谷口は、大阪出身。

「寮生活ということで、修学旅行みたいな雰囲気を期待していたんですが、まずは洗濯からなにから、自分の面倒はすべて自分で見なきゃいけない。なにより、練習が厳しい。そして、同じポジションを争うライバルが、それも中学では全日本クラスだったヤツが何人もいるんです。1年の正月休みで帰省したときには、もう戻りたくないと思いました」

それでも、「みんな、楽をしたいんじゃや。だけど、そこで歯を食いしばらな、甲子園には行けん」と馬淵監督に目を覚まされたから、ときに修行僧のような生活でも耐えられた。

某スポーツメーカーの測定によると、たとえば背筋力300キロなどという、大学生でもかなわないけた外れの潜在能力を持っていた寺本はその間、四球病からのリハビリに必死だった。

センバツの敗戦は、制球とともに感情すらコントロールできなくなった自分のせいだと痛いほど分かっている。ムキになってスピードボールを投げる必要はない、三振でも内野ゴロでも同じアウトなんだ……といいきかせながら、オーバーハンドを若干下げ気味にし、制球力重視へのモデルチェンジを図っていた。なにしろ四球を出したら、ナインから激励どころか罵倒されるのだ。

制球力とひきかえにスピードは落ちたが、それはいい。スピードでは、松坂にかなうはずもないのだから。結果、高知大会では四死球の数はイニング平均0・5個になった。それでもまだ少なくはないが、イニングあたり1・5個近かったセンバツから比べたら、格段の進歩である。

「わがままなヤツの集まりのほうが、結果として強いね。一見チームワークはなくても、強い。つねに真理は二律背反。チームワークチームワークいうても、仲のええ者ばっかりじゃ勝てないのがスポーツや」

馬淵監督はそう言って、カツオのたたきをほおばった。

史上4人目のサイクル安打などで明徳が大差を

全国各地から有望選手の集う明徳。ハタからは甲子園には出場するのが当然に見えるが、寺本・高橋という投の二枚看板がいるこの98年にしても、まかり間違えばチームが空中分解するような紆余曲折があったのである。

紆余曲折は、甲子園でも続いた。

開幕試合となった桐生第一（群馬）戦は、制球力がついたはずの寺本が4回2/3で5四球と、またも背信の四球病である。ここは高橋の好救援で6対5、辛勝して事なきを得たが、金足農（秋田）との2回戦では、先発した高橋が完投したものの、寺本が走塁の際に右足首を捻挫する大ピンチ。寺本自身も、青くなった。

「やばい、もう甲子園終わったと思いました。なにしろ足首じん帯をぶち切った（著者注・本人の弁。診断は右足首捻挫）んですから。病院から宿舎に帰ると、ギブスを見てさすがに馬淵さんもビックリしていましたね。でも馬淵さんの知り合いの整体師の方が来てくれて〝大丈夫、なんとか治してみせます〟言うてくれたんで、その気になりました。ものすごく効き目がありましたよ。実際、3日で驚異の回復ですもん、次の日にも投げようかと思ったくらいです」

ケガの功名とはこのこと。力みが抜ければ寺本は、少々スピードは落ちてもそこらのピッチャーとは違う。日南学園（宮崎）戦に先発すると、4回までパーフェクトの快投を見せたあと、6回途中から必勝パターンとなった高橋へのリレーで5対2の快勝。関大一との準々決勝は、またも寺本から高橋へのリレーだった。

そして98年8月21日、第80回全国高校野球選手権の16日目。明徳は、準決勝の第1試合で横浜と対戦する。

横浜の大黒柱・松坂は、準々決勝でPL学園を下したとはいえ苦闘延長17回、250球を投げている。前々日の星稜戦と合わせると、2日で398球。肩もヒジも限界で、横浜・渡辺監督は準々決勝終了後、「3連戦になる準決勝は、松坂の先発はない」と明言していた。

一方の明徳は、関大一との準々決勝は余裕の大勝だったし、また横浜と違って前々日には試合がなかった。つまりは、余力たっぷり。春夏連覇を目指す横浜も、さすがにピンチ……そんな空気が、試合前の球場に充満していた。

「前の日は横浜が勝ったけど、延長17回をやっているんだから当然、しめたと思ったよ。ウチに風が吹いてきた、と。けど半分はイヤやった。松坂おらんとこで勝っても、おもしろうないやろうし、もし勝ったとしても〝松坂おらんかったから〟言われると腹立つしな。ホントはむしろ、ＰＬとやりたかったんよ」

センバツでは、どこかで寺本から高橋への継投だったか……その思いがずっと、馬淵監督の頭にこびりついて離れないでいる。だから、そのときの相手・ＰＬとも対戦したかった。

まあ、夏の準決勝の相手は結局「松坂がおらん」横浜ではあったが、ここを突破すれば、全国制覇の野望に一歩近づく。

馬淵監督は、松坂の絶対的な力には畏怖に近い感情さえ覚えていた。「秋に神宮大会で見たけど、あれはバケモンやぞ」というのは、98年の冬、明徳を訪れたときの馬淵監督の言葉だ。それが夏を迎えたときには、ほとんど崇拝にまでなっている。

「同じ年、高知には土居や藤川球児（高知商・元阪神ほか）がいたから、ウチは夏の前の練習から140～145キロを打つようにしていたよ、連日。もちろん、その延長線上には松坂がおった。松坂を打たんことには、全国制覇はないからね。夏の甲子園練習のとき、ウチの前がちょうど横浜で、入れ替わりだったんよ。で、一塁側のブルペンの横で松坂の投球を見た。これは……すごいわ。藤川、土居という球じゃない。もう10年出てこないピッチャーや」

いかにも負けん気の強そうな寺本にしても、「（松坂）大輔の力は、離れすぎていて対抗意識どころじゃないですよ、全然。土居、藤川、自分も含めて、月とすっぽんでした」。

その松坂は、おそらく先発してこない。馬淵監督は前日のミーティングで「太陽が西から上らん限り、ウチが勝てる」という口癖でナインを鼓舞した。そして、少なくとも7回までは、その通りの展開になる。

横浜の先発は、2年生左腕の袴塚健次だ。東神奈川大会こそ14イニングを失点0に抑えているが、甲子園は初登板。しかも、相手の力は地方大会とは段違いだ。さらに春夏連覇達成への山場、その上大エースは先発回避と、重圧はいくつもある。

横浜の捕手・小山良男はこう振り返った。2年生投手に細かいことまで要求すると投げにくいだろうから、とにかく思い切りよく投げさせるしかなかった――3回まではそんな苦心のリードが実り、ピンチを背負いながらかろうじてゼロに抑えていく。

だが、ここまでの4試合で29点を奪い、4割近いチーム打率を残している明徳の〝黒潮打線〟につかまるのは、時間の問題だった。4回、3安打を集中して1点。5回には、藤本と谷口の2本塁打で3点。いずれも、レフトを守る松坂の頭上を越える当たりだった。たまらず交代した斉藤弘樹からも6回、8回に1点ずつ。

たとえば73年のセンバツで横浜が優勝したのは、「江川を打たなければ、全国制覇はない」と、徹底的に打力をつけたおかげだが、明徳も「松坂を打たなければ全国制覇はない」とばかりに鍛錬してきた。まだ尻の青い2年生投手では、その強力打線に対するのは荷が重い。

8回には藤本が夏の甲子園史上4人目のサイクル安打を達成するおまけまでつけて、8回表まで14安打6得点。〝松坂がおらんとおもしろうない〟はずが、明徳打線はおもしろいように打ちまくった。

「こらぁ、いけるで……」

馬淵監督は、かつて率いた社会人野球・阿部企業時代からの盟友、宮岡清治部長と目を見合わせる。

一方の横浜には、8回まで、とりたてて言うべきこともない。超高校級の身体能力を持つ寺本に牛耳られ、7回まで3安打7三振。三塁を踏んだのは一度だけで、チャンスといえばその3回の一死満塁くらいだ。

特記事項があるとすれば2回、谷口のヒットを処理したレフトの松坂が、二塁へ目の覚めるような送球をしたこと。この送球を目にした横浜・渡辺監督は、松坂をマウンドに上げる可能性を頭の隅にメモしている。あるいは横浜5回の攻撃の二死から、松坂が三塁側ブルペンに入って肩慣らしをしたこと。それくらいだ。

前日、胸を熱くする戦いを演じたPL学園・上重聡は、宿舎を引き払って大阪・八尾市の実家に帰る途中に、稲田学とお好み焼き屋に入った。ソースのにおいが漂う中、店内に流れていたテレビ中継では、横浜が大差で負けている。友情すら感じたきのうの名勝負の相手が、うろたえているサマは見たくなかった。

「お店の人に〝テレビを消してください〟とお願いしました。松坂は、自分たちのヒーローなんです。その松坂は投げていないけど、横浜にはすごいままでいてほしかった。大切な思い出の価値が、色あせるような気がしたんです」

マ〜ツザカ!! マ〜ツザカ!! の大コール

8回表終了時点で、6対0。いかに野球は筋書きのないドラマとはいえ、結末はほぼ、見えている。

だが不思議なことに松坂には、負ける、という気はなかった。

「レフトの守備につくとき、センターの（加藤）重之とは、点差が広がっても〝まだいけるだろ〟と話していたんです。ホームランとか三塁打とか、自分の守備の頭を越えられる打球が多くて、〝参ったな〟とは思いましたが、単純に、自分が投げていないから負けている気がしなかったのかもしれません」

なにしろ、新チーム結成からここまで、公式戦では黒星の経験がないのだ。負ける、という感覚というものを忘れていたのかもしれない。そして——8回表までが明徳の試合だとしたら、その裏からは横浜の試合になるのである。

とはいえ、残り6アウトの8回裏で6点差。

「あまり記憶にないんですが、回を追うごとに〝負けるんじゃないか〟と思っていたでしょうね」（小山）

「半分あきらめていた」（柴武志）

前日、決勝2ランを放った常盤良太にしても、「負けると思っていた」。

負ける気がしなかった松坂のほうがむしろ特異で、野球ドラマの筋書きでは99パーセントは敗戦濃厚だ。3万4000の観衆のほぼすべても、横浜の春夏連覇の夢はここでついえる……と思ったはずだ。

横浜・渡辺監督にしても、さすがに負けを覚悟した。なにしろ先発・寺本のデキが素晴らしい。7回まで得点圏に走者が進んだのが一度だけとあっては、6点などはるかに遠い。ただ、だからといって手を拱《こまぬ》いてもいられない。選手には、こう語りかけた。

「可能性のある限り、残り2イニングを楽しもうじゃないか。このまま無抵抗では、きのうのせっかくの素晴らしい試合がかすんでしまうぞ。せめて1点でも返そう、そして残りの2イニングを楽しもう」

8回裏の横浜。この語りかけがプロローグであったように、先頭の加藤の打球を、ショートの倉繁一成がはじく。二番・松本勉が一、二塁間を抜く。ここまで不振をかこっていた三番・後藤が、しぶとく中前にはじき返す。俊足の加藤がかえって、まず1点だ。続く松坂が、ショートの右を抜いて2点目、なおも無死一、二塁である。

「せめて1点でも返そう、そして楽しもう」という渡辺監督の指示は、甲子園という祝祭の空間で、ご神託のような効果があったのかもしれない。

後藤の記憶によると、7回までの渡辺監督は「この試合は勝たなきゃいけない。そうじゃないと、PLをはじめ、われわれが勝ってきたチームに申し訳ないぞ」と厳しい表情だったという。

「それがこの回には、〝計算上、逆転はほぼ不可能だ。オマエたちはここまで、すごいプレッシャーの中でよく戦ってきた。あとは2回しかないが、甲子園を楽しめ〟と、180度変わって笑顔になったんです」

これで、べそでもかきそうだった横浜ナインから肩の力が抜けたのか。そうだよな、楽しもう。それにはまずは塁に出よう。いくら力んだって、一度に6点を取れるわけじゃないのだから、つなごう。そして1点でも返していこう。

横浜打線から肩の力が抜けるのとは逆に、明徳側にプレッシャーの天秤が傾いた。6対2。まだ4点差とはいえ、まるで金縛りにあったかのようななんでもないエラーから横浜の反撃が始まったのだ。祝祭空間の空気に、なにかが起きそうなにおい分子が微妙にまじる。

甲子園に棲むという魔物がお気に入りのそのにおいを敏感に察したのか、ここで明徳・馬淵監督が動いた。そこまで好投していた寺本から、高橋へのスイッチ。この大会の明徳の必勝パターンだ。金足農戦で捻挫した寺本の右足首は限界に近いし、センバツのPL戦で、寺本を続投させて敗れた残像も頭にあった。

後藤の打席の前には、高橋を伝令に走らせた。どこかで、寺本からその高橋に代えようとタイミングを計っていると、捕手の井上登志弘からベンチに向けてシグナルが出た。「もうあきません」。小山の打席を迎えたところだった。

「四郎（寺本）の調子がいいんで、完封しちゃうんじゃないかと思って見ていました。それでも、あの大会は継投で勝ってきたんで、6回あたりからブルペンで肩を作りましたし、気持ちの準備はできていました」と、高橋がマウンドに上がる。渡辺監督は、「しめた、と思いました。高橋君はややハートが弱いという事前情報がありましたから、走者を背負っての交代はチャンスだ、と」。

それでも、継投は成功したかに見えた。小山が内野フライ、小池正晃の代打・常盤が一塁ゴロで松坂が二封され二死一、三塁。ここで、打席には柴が立った。高橋の回想を聞く。

「ツーアウトをぽんぽんと取って、いい感じだった。それが……柴に暴投を投げてしまうんです。外に逃げるシンカーがベースのはるか手前でワンバウンドして、あんな極端な暴投は、かつてないことでした。やはり重圧に飲まれていたんでしょうか。あの暴投が、むちゃくちゃ痛かった」

暴投で、三走の後藤がかえって3点目。なおも二死二塁となり、馬淵監督が「イヤやった」という左打者の柴が左前に運ぶ。これで6対4、結末が見えていたはずのゲームが、にわかに緊迫してきた。

そして9回……キャッチボールをしていた三塁側ブルペンから、テーピングをむしり取った松坂がマウンドに向かう。場内アナウンス前にそれに気づいたスタンドからは、期せずして大コールが起こった。

マ〜ツザカ、マ〜ツザカ！　マ〜ツザカ!!　マ〜ツザカ!!!

最初は小さかったその声と手拍子は、すり鉢状のマンモスに反響して増幅していく。まるでアンコールにこたえるミュージシャンを迎えるような、あるいは、まるで黄門様が印籠を取り出したような、待ってましたというキメの場面だ。

馬淵監督にしても、8回の横浜の攻撃でピッチャーに代打が出たから、松坂の登板は予想はついていた。それでも馬淵監督にとっては、「渡辺さんの、イヤな演出や……」。千両役者の登板に、スタンドからは松坂コール。2点リードしているとはいえ、こうなると甲子園というのは劣勢のチームに肩入れする。ましてやそれが、前日感動的な勝利をものにしているとくれば、ムードは完全に横浜に傾いてしまっていた。

「球場全部が、横浜の味方やからねえ。観客を味方につけようとして野球をやるわけじ

ゃないけど、自然発生でそうなったら、ハラをくくるしかできんよ」（馬淵監督）

この日の朝、渡辺監督は松坂に肩の状態をたずねている。センバツの連投のときよりもいいです、エースは頼もしく答えた。指揮官は思った。もしかすると、正念場では1、2イニング投げてもらうかもしれない……。渡辺監督は言う。

「正念場というより、正直、負けるとしても最後はベストメンバーで、というくらいのつもりの松坂の登板でした。ですがね……松坂がマウンドに上がったとき、ダグアウトにいて、球場全体が声援で揺れているような感じがしたんです。甲子園では何十試合もやっていますが、初めての経験でした。チームが出場しないときにも、解説で甲子園を訪れていますが、ドカベン（香川伸行・浪商［現大体大浪商・大阪］、元ダイエー）のときも、ＫＫ（桑田真澄＆清原和博）のときも、そんなことはありませんでした」

捕手の小山も、「松坂が出て、やっぱり雰囲気が変わった。アイツなら何かやってくれると信じていた」し、松坂は「サヨナラ勝利を信じて、無我夢中で投げました」。

その9回表の松坂は四球を1個与えたものの、後続が併殺。明徳のクリーンアップを入魂の15球で料理し、大コールに応えた。

お守りのご利益が後藤に

そして9回裏、横浜の攻撃。

「9回の攻撃では、2点の差がありました。守る側としては〝まだ2点もある〟という感じがふつうでしょうが、明徳にはそれがなかったですね。逆に、2点を追う僕らが勝っているような、そんなムードでした」と松坂は言い、マウンドの高橋もそのムードに飲まれていた。

「あの感覚、いまでも真っ先に思い出します。自分たちは、松坂の引き立て役なんじゃないか……という感じ」

おまけに、松坂が投げたあとのマウンドに立った高橋が驚いたことがひとつ。

「(松坂が投げた) 軸足の蹴りの跡が、マウンドに残っているんですが、いままでに見たこともないくらい前に伸びていて、こんなに強くプレートを蹴るのか、と衝撃を受けました」

かつて、北海道・稚内市内にあった松坂大輔記念館に行ったことがある。展示のひとつとして、松坂が投げたという想定のマウンドが再現されていた。実際にそこに立ってみると、プレートから左足を着地した跡までは、凡人にとってほとんど立ち幅跳びの距離感である。つまり高橋が驚嘆したように、右足の蹴りがそれだけ強いのだ。

流れは完全に横浜である。なにしろ、印籠を出してしまっているのだから。申し訳ないが、これが勧善懲悪のドラマだとするなら、明徳ははまり役だった。1992年夏の甲子園で、星稜（石川）の怪物・松井秀喜（元巨人ほか）を5敬遠して物議を醸したことが、まだファンの記憶に新しい。

その9回裏が、始まった。先頭の佐藤勉が初球をライトにはじき返し、一番・加藤のセーフティーバントが成功。二番・松本は初球を送りバント。これを捕手・井上が三塁に高投し、犠打野選となる。馬淵監督が悔やむのは、ここだ。

「あれが痛かった。松本のはキャッチャー前の、バントとしては失敗の打球よ。それを井上があせって、三塁へはちょっと高い球になった。むしろいいバントだったら、ハナから三塁なんかあきらめて一塁でアウトをとっているはずで、そっちのほうがよかったわ。逆に横浜にとっては、失敗……と目をつぶったら、2倍の成功になって返ってくるんだから、流れというのはおそろしいよ。

それにしても、横浜がしたたかなのはあのあたりよな。井上の送球がちょっと高かったといっても、そこらのランナーならアウトにできていたタイミング。だけど、二塁走者のスタートとか、走力が素晴らしいからセーフになった。ただ、逃げ切ろうとしているチームがミスしたらいかんわなぁ……」

マウンドの高橋も、横浜打線のしたたかさにたじたじだった。佐藤のヒット、加藤、松本のバントはいずれも初球。つまり、たった3球で無死満塁のピンチを招いたわけだ。

佐藤のヒットは、まだいい。問題は、次の加藤だ。

加藤は、この大会5試合目で初めて左打席に入った。もともと俊足のスイッチヒッターが左に立てば、バントヒット狙いは見え見えといっていい。なのに、2点差だからバントはないと決めてかかり、簡単にストライクを取りにいった。それが結果としてバントヒットとなり、一塁に生きた加藤は同点のランナーになる。

「いまにして思えば、ボールから入ったり、なにも初球にストライクを取りにいく必要はなかったかな」と高橋は悔やむが、いずれにしても2点を追う横浜は9回裏、無死満塁とこれ以上ないチャンスを迎えたわけだ。

8回の攻撃を迎えるまで、6点差。野球の常識では、ほぼ逆転不可能の点差。それが、一打同点の場面まで詰め寄っている。押せ押せだ。盛り上がる、三塁側の横浜アルプス。そして……。

無死満塁から三番・後藤。1ボール2ストライクからの打球は、ショート・倉繁の右を抜けていった。後藤にとっては、「マズイっ。でもかりにゲッツーとしてもその間に1点は入る」という当たりだったが、明徳が前進守備を敷いていたため、高いバウンドが倉繁の頭を越えたのだ。三塁から佐藤、二塁から加藤が相次いでホームを駆け抜ける。文字にすると素っ気ないが、8回以降6つのアウトを取られる前に横浜は6点を返したわけで、その場で見ているると思わずスコアをつけるペンがふるえてしまうほど、奇跡的な同点だ。

前日のPL戦では、まったくいいところがないどころか足を引っ張りまくった後藤。この日はこれで3安打3打点と、別人のようだった。

「どうせ打てないと思ったら、開き直って打席に立てたんです」と語るが実は9回が始まる前、マウンドに向かう松坂にベンチであるものを手渡している。センバツ前に亡くなった曾祖母の遺骨が入ったお守りだ。

「センバツのときから、ユニフォームの左ポケットに入れていたんです。いつもは自分が持っているんですが、どうしてあんなことをしたんでしょうね。松坂がマウンドに立ったのは、勝っても負けても最後はアイツで、という監督の考えだと思うんですよ。その最後のマウンドを、頼むぞ、任せたぞと少しでも応援したかったのかもしれない」

後藤は、自分が取った行動の理由をはっきりとは思い出せない。そして9回裏無死満塁の打席に入るとき、次打者・松坂のもとに向かい、「わりぃ、さっきのお守り、返してくれ、と。あれがポケットにあると、安心するんですよ。そうしたら、外野フライでいいじゃないかとリラックスできたんです。不思議と緊張もしませんでしたし、まだ2点差なのに、ベンチのムードがもう逆転したみたいだったのも、背中を押してくれたと思います」。

お守りは松坂に、そして後藤にも〝ご利益〟をもたらし、打球がセンターに。同点、なおも無死一、二塁。こうなればもう、野球の生理として完全に横浜の勢いだ。

１９８５年夏、あの桑田・清原が3年だったころから甲子園の高校野球を取材している。この時点で14年目。つけたスコアシートは、おそらく６００枚を超していた。だけど、ペンがふるえるような極上のゲームとなるとめったに出合えない。いや、初めてかもしれない。

白状すると、心中横浜に肩入れしていた。

高校野球は、ずば抜けたヒーローがいるほどおもしろい。かつての江川卓しかり、ＫＫしかり。そうした主役が、多彩なライバルとしのぎを削り、退け、あるいは倒されていく起伏が大きいほど、ドラマは盛り上がる。

73年センバツの横浜なら、江川を倒した広島商に勝って優勝したし、ＫＫは1年の夏、3連覇を目指す池田（徳島）の山びこ打線に勝つことでその時代の幕を開けた。この夏なら、センバツの準決勝で横浜に敗れて以後、打倒・松坂を合言葉にしてきたＰＬなどは、重要な登場人物だ。

そして、怪物が苦しみながらもライバルを下して勝ち進み、持てる力を発揮して最後は優勝するできすぎの結末も、たまにはいい。その怪物・松坂が、公式戦ではほとんどやったことがないというバントを易々と決め、横浜は一死二、三塁とする。

明徳にとっては、楽勝のはずが一転、サヨナラ負けの大ピンチだ。たまらず、小山を歩かせて満塁策をとった。もう一、二塁走者は、勝敗には関係ない。サヨナラを防ぐためには、せめて守りやすくしておくのが常道だろう。

横浜の校歌が長くてなぁ……

横浜が6対6と同点に追いついた9回裏、一死満塁。この、犠牲フライもバッテリーミスも、またボテボテの内野ゴロでさえ許されない場面で、一塁守備についていた寺本がふたたびマウンドに戻った。

「8回の交代が、自分自身で歯がゆかった。自分が出したランナーを残していましたから……」という寺本が、ここで渾身の投球を見せる。前日、ＰＬとの延長戦に決着をつける2ランを放った常盤を、見逃し三振。寺本との交代でついた一塁の守備位置からそれを見ていた高橋は、体が熱くなったという。

「三振に取った球は、さすがに明徳のエースやな、という素晴らしいボールでした。前の年の秋は、アイツがケガをして僕が背番号1をつけ、この年は6月ごろ僕が肩を痛めて、その間アイツが頑張ってくれた。ライバルというより、2人いたから全国制覇を目指せたと思うんです。甲子園ではイマイチでしたが、最後の最後でアイツらしいボールを見せてくれました」

これで二死。8回の裏の守りの時点では楽勝ムードだったことからすると雲泥の差だが、それでもあとアウトひとつで、サヨナラのピンチからはなんとか脱せられる。渡辺監督は、「また延長か……」と半ば覚悟した。

打席には、前の打席では高橋からタイムリーを放っている柴。センバツでは2ケタの背番号だった。この夏は7という番号を背にしてはいたが、相手が左ピッチャーとなるとスタメンを外れることが多かった。それが大詰めで左の寺本と対戦するのも、なにか因縁めいている。

ふだん合宿所で、全員が寝静まったあとにむっくり起き出してバットを振るという努力の男である。初球ボールのあとの、2球目だ。「もう松坂を休ませてやりたい、2試合続けての延長だけはゴメンだ」という執念の打球が、ハーフライナーになってセカンドとセンターの中間方向に飛んだ。明徳のセカンド・松元政樹が必死にバックする。落ちろ、と横浜ベンチ。届け、と明徳ベンチ。だが……詰まった打球が、松元のグラブをかすめて落ち、三塁ランナー松本が躍り上がってホームイン。

「一塁を回ったところで、小山が（喜びの）ジャンプしてるのが見え、サヨナラ勝ちだと分かりました」と殊勲の柴が言う。

7対6、横浜の神かがり的な逆転サヨナラ勝ち——。

はしゃぐ子犬の群れのように、歓喜の輪を作る横浜。いっぽう明徳ナインは、なにが起きたか分からないようにその場にへたり込み、寺本は泣きじゃくり、なかなか起き上がれない。歴史的大逆転は、残酷なまでの明暗の対比で幕を閉じた。

長い野球人生で、そうは考えられないようなことが2日続けて起こるなんて……当時はそう声を詰まらせた渡辺監督だが、のちにはこう振り返っている。

「明徳に6点リードされ、8回に4点は返しましたが、私は、これで十分だ、と感じていました。前日に倒したＰＬに失礼のない戦いはできた、という感じだったんです。そしてどうせ負けるならベストメンバーで、と松坂をマウンドに立たせたんです。

ところが、それで球場が異様なムードになったでしょう。松坂コールがあって、球場全体が横浜を応援するようなムードになって。あのムードで馬淵さん、珍しくあたふたしましたね。８回、寺本君から高橋君へのスイッチもあわただしかったし、ウチが同点に追いついたあと、内野の守備もちょっと浅かったようです。もし定位置ならば、その前の後藤のタイムリーも抜けていたかどうか……。

そしてなんといっても大きかったのが、加藤のバントですね。２点差の９回裏、先頭の佐藤がヒットで出て、さあこれから……というとき、次の加藤が初球セーフティーバントを成功させました。そのあとに気づいたのは、あれ、アイツいま、左打席じゃなかったか？　加藤はもともとスイッチヒッターですが、この大会は左打席の調子がよくなく、相手投手の右左にかかわらず右打席に立っていたんです。それがこちらの指示ではなく、それどころか気がつかないうちに左でセーフティーバントを成功させた。ひじょうに苦しい場面で、自分の意志でそれができる、というのがすごいところです。おそらく、ふだんからしょっちゅう練習していたんでしょう」

　それと、前日は渡辺監督から「縁を切る！」とまで罵倒された後藤の活躍だ。この大会、後藤が放ったヒットは6試合で4本に過ぎないのだが、そのうちの3本がこの試合とは。「腰が砕けても」という決意、そしてお守りがくれたごほうびかもしれない。後藤の回想。

「ただ、柴の打球が落ちたとき、僕はサヨナラ勝ちだと気がついていないんですよ（笑）。ホームまで必死に走りながら、みんなが喜んでいるのが目に入って、そこでやっと気がつきました」というから微笑ましい。そういえば、僕の雑談取材では「ガンダムのプラモデル作りで集中力が高まる」と話していた後藤。点差さえも一瞬吹き飛ぶほど、自軍の攻撃に集中していたのかもしれない。

　渡辺監督は言う。

「後藤は後日、腰に疲労骨折していることが分かったんです。どれだけ痛かったことか……それも知らずに、ＰＬ戦ではしかり飛ばして、申し訳ないことをしましたよね」

　整列、そして挨拶。寺本が松坂に歩み寄り、長いこと肩を抱き合ったまま離れようとしなかった。松坂は、寺本にこう言った。

「オマエたちの分まで、必ず優勝するからな」

明徳義塾・馬淵監督に、宇佐の食堂でこの試合の話をじっくり聞いたのは2002年の夏前だった。饒舌な話しぶりに聞き入るうちに、目の前の皿はあらかたきれいになっている。

さてと……ぼちぼち練習に行きましょうか、と腰を上げかけた馬淵監督に、最後に聞いてみた。当時「勝てる試合に負ける、負ける試合に勝つのが野球やな」と話したこの試合でやり直せるとしたら、どのあたりか。

「早いイニングで伝令を1回使っていたため、9回のピンチにはすでに伝令を出せなかったこと。9回無死満塁で、内野守備が浅めだったこと。そしてなにより……継投じゃなあ。6対2になったとき、4点差だったら高橋でいける、と踏んでいたんやけど。でも、それも結果論よ。もしあのまま寺本でいっとって逆転されたら〝なんで代えなんだ〟、代えて負けたら〝なんで代えたんや〟と言われるわ。9回のアタマから寺本を戻す、いうんはなかったよ。アイツは、先頭打者に対して四球を出す率がものすごく高いから

（笑）。もしかしたら、寺本に8回を任せて9回アタマから高橋でもよかったかな。でも人の評判を気にして野球をやっているわけじゃないからね。あの交代は、わしの信念じゃから。あとは、6対3になった3点目が高橋の暴投、というのが痛いね。一塁ランナーも二塁に進み、そのランナーが4点目になるんやから。3点差と2点差じゃ、9回を迎えるとき大違いよ。あれも大きかったな。

それにしても、横浜の校歌が長くてなぁ。負けて聞くからなおさらよ。やっぱりどんなに点差があっても、自分たちのできることをきちんとこなしていく横浜は勝負強いよ。渡辺さんはあのとき、53歳か。あと5年とちょっとでワシも53じゃけど、あんな野球ができるかの」

いやいや、あと5年どころか、松井5敬遠からちょうど10年がたつその02年夏の甲子園で、明徳は念願の全国制覇を遂げることになる。

屈辱のセンバツから頂点まであと一歩

1998年8月22日の甲子園は、第80回全国高校野球選手権大会の決勝、横浜と京都成章の一戦を迎えようとしていた。

試合開始の1時間以上前にはチケットはすべて売り切れ、5万5000の大観衆が甲子園を埋め尽くした。多くは横浜の春夏連覇と、松坂の投球を見届けたいというファンだろうが、前年夏に平安（現龍谷大平安）が準優勝に終わっているから、京都府民の「今年こそ」という思いも強い。

京都成章はセンバツとの春夏連続出場だが、そのときは岡山理大付に2対18と、屈辱的な大敗を喫している。エース・古岡基紀はその試合、3回途中までで7安打4四死球のうえ、ミスもからんで8失点。リリーフも打たれて再登板し、涙をこぼしながら最後まで投げたが、さらに失点を重ねた。トータルで4回2/3を9失点である。

以来、「甲子園には忘れてきたものがある」というのが、古岡を含むナインの合言葉になった。

奥本保昭監督は、「真の地獄を見た者は真の頂点に立てる」と尻を叩き、投手陣はイヤというほど走り込んだ。守備も徹底的に鍛え直した。打力については、宇和島東（愛媛）のベテラン・上甲正典監督のアドバイスで、１キロのマスコットバットで打撃練習。キャプテンの沢井芳信は、「18点を忘れたことはない。あんな思いをしたくなければ休みなんか必要なく、試合が終わったあとも学校に戻って練習するほど、ひたむきにやってきました」と胸を張る。ただ、奥本監督のいう頂点とは平安、京都西（現京都外大西）、北嵯峨らのいる京都を勝ち抜き、３年ぶりの夏の代表となることを意味したつもりだった。それが、京都を制するばかりか、甲子園でもあれよあれよと勝ち進み、「真の頂点」まであと一歩に迫っている。

仙台（宮城）との初戦は、第２日第１試合。マスコットバットを振り込んだ打線は、好投手・丹野祐樹をとらえて３点を先制し、同点に追いつかれるも６、７回で４点を追加。最終回に追い上げられたが、10対７で逃げ切り、初めての校歌を歌った。

２回戦は、如水館（広島）に５対３。この試合、史上46人目の毎回の12三振を演じた古岡は、左の好投手としてにわかに注目されるようになる。

3回戦の古岡は、桜美林(西東京)にわずか内野安打1本で1失点完投勝利。準々決勝、常総学院(茨城)は打線がつながり10対4、準決勝では豊田大谷(東愛知)に6対1。古岡は注目のスラッガー・古木克明(元横浜ほか)からの4打席連続三振など、またも毎回の14三振を奪った。ここまで奪った三振は、松坂の43を大きくしのぐ52。松坂がなし得ていない毎回三振も、2度記録している。

「一番自信がある」というカーブは、縦と横に変化する2種類に、リリースポイントを微妙に変えて多彩な角度を与えた。それがあるから、低めに制球されるストレートとの緩急が効果的なのだ。ときに甲子園には、「一戦一戦強くなるチーム」が登場する。勝つことによって自信を得、勢いに乗る。

京都成章が、まさにそれだった。

だが……奥本監督は自分を、マイナス思考な人間、という。念願の初戦突破は果たしたものの、続く対戦相手はいずれもビッグネームか、超高校級がいるか、熟練監督のチームである。試合中はつねに「むちゃくちゃいかれるやろうな」と思いながら、采配を振っていた。

だから、勝ったあとの談話にしても「いやぁ、まぐれでしょう」「なにかの間違いです」といたって謙虚。ただこれは、自分が入れ込むことで選手たちによけいな重圧をかけないためでもあった。本心では、選手たちの力を信じている。

それでも、再抽選となる準々決勝以降は、「なるべく横浜と当たらんでくれ」と願ったのも事実。そして抽選の結果がその通りになると、横浜対ＰＬ学園戦、対明徳義塾戦は言葉は悪いが対岸の火事。まさかウチが決勝で横浜と当たるとは……というのもやはり正直な気持ちだった。

主将の沢井も、こう振り返っている。

「ほかのメンバーはどうか分からないけど、僕は一戦一戦、目の前の試合しか見えていなかった。だから準決勝までは、無欲の勝利というか。決勝進出が決まっても、〝僕ら、場違いちゃうかなぁ〟という感覚になりました」

それは決勝前夜、宿舎でテレビを見ながらも感じていたことだ。翌日の大一番については、「松坂、すごい」「横浜、春夏連覇へあと１勝」と大々的に報じるものがほとんど。

自チームについては、古岡の好投、また京都勢として2年連続の決勝進出とふれられる程度だ。「僕らでエエんかなぁ」感である。

むろん、世代最強の横浜との対戦だから、楽しみもある。三番・一塁手として毎試合ヒットを打っていた田中勇吾はこう言った。

「対松坂でワクワクして、寝る前はイメージトレーニングをしました。ズドーンとくる真っすぐ、キレ味鋭いスライダーを意識して。ただチームの雰囲気は、それまでとは違う緊張感はあったかもしれません」

午後1時、プレーボール。マウンドには松坂が、打席には沢井が立った。

沢井は、ファーストストライクから積極的に打っていくタイプの一番打者だ。ただ、相手は松坂。少しでも崩すために、なにか仕掛けなければ……と初球は打席の後ろ、捕手寄りに立った。外角低め、135キロのストレートを見送る。ボールになった。思ったほど速くない。

2球目。今度は、打席の一番前、投手寄りに立った。バッテリーに、「なにかやってくるのか?」と思わせるためだ。そして、内角のストレート1本に絞り、「イチ、ニのサン！」で思い切り振った。

ジャストミートした打球が三遊間へ。これが対左投手でスタメン起用された三塁手・斉藤清憲のグラブをはじく。こぼれたボールを1度は見失ったが、落ち着いて拾い一塁へ送球。間一髪アウトになった。

サードの斉藤清によると、沢井が打席の立ち位置を変えたため、セーフティーバントを警戒したという。そのため、やや前に守った。それが結果としてヒットゾーンを狭くしたから、グラブに当てることができた。もし定位置に守っていたら、抜けていてもおかしくない角度の打球だったのだ。

話は先走るが、京都成章・奥本監督が言う。

「先頭の沢井があああいういい当たりをするから、まさかノーヒットノーランとは……」

だが皮肉なことに、いい当たりだったからこそ、松坂は生き返った。さすがに疲れを感じていたという松坂は、制球、スピード、ともに本調子じゃない。

「立ち上がり、いきなり沢井にいい当たりをされて（笑）目が覚めましたね。ふつうの試合では三振を狙って取りにいったりするんですが、さすがに決勝はそんな甘いもんじゃないな、と。おそらく初めてじゃないですか、きょうは打たせていこう、と思った試合は」

その後松坂は、制球に苦しんで二番・田坪宏朗を歩かせながら、続く田中を三塁ゴロ併殺にとって初回を切り抜けた。

「カウント1（ストライク）－3（ボール）からの5球目、甘く中に入ったストレートをとらえられなかった。立ち上がりを崩せなかったのがすべてかも」と、併殺打の田中は言う。

疲れを隠せない松坂とは対照的に、古岡は4連投とは思えない立ち上がりを見せた。加藤、松本、後藤と三者凡退だ。

センバツでKOされた屈辱を境に、古岡は変わった。つねづね精神面の弱さを指摘されるため、メンタルトレーニングを強化。勝負どころで力を発揮できるという呼吸法から、ボールを見つめて集中する方法など、メンタル強化につながると聞けばなんでも試してみた。

9イニングを投げきるためには、下半身強化はもちろん、コーチや整体師から積極的にコンディショニングの方法も学んだ。センバツまでは1種類だったカーブを2種類に増やしたのもこの時期だ。それらが実を結んでの甲子園。古岡は言う。

「仙台戦に勝ってからは、なぜだか分からないけどホンマに負ける気がしなかったです。でも決勝前夜はメチャクチャ不安でした。もしボロボロに打たれてしまったら、ここまで築いたものがすべてパーになる……」

ＫＯされたセンバツ後、京都に戻ると、あたたかく出迎えてくれる人が大半だったが、学校に「京都の恥や！」と心ない電話がかかってくることもあったとか。心が萎えるようなそういう経験が、古岡を不安にさせもした。

だが、いざ決勝の日を迎え、「松坂と同じマウンドで投げられる」と思ったら前日の不安がウソのように消え、横浜の強力打線を3回までパーフェクト。ブレーキ鋭い2種類のカーブに、横浜打線はなかなか的が絞れずにいた。

自分のホームランに「ありゃ、びっくり」

3回を終わって0対0。両者ともノーヒットで打者9人ずつ。静かな投手戦が動いたのは、4回裏だ。

「あの子だけはホームランはない」

渡辺・奥本両監督がそう踏んでいた二番・松本が、その計算外の先制ホームランをレフトに運ぶのである。ストレート、ストレート、カーブのあとの4球目。捕手・吉見太一（元西武）のサインは、内角直球だった。それを察知してショートの沢井は、引っ張りに備え三塁側にちょっと動いた。「古岡の真っすぐにはキレがあり、右打者はほとんど内角に詰まる」（沢井）ためだ。球種、コース、打者のクセを頭に叩き込んでいたからこその、高度なプレーだ。

ただそれが、ほんの一瞬早かった。沢井のその動きを視野にとらえた松本は、内角ストレートと読み切り、二握り余らせたバットを思い切り一閃。低い弾道のライナーが、最短距離でレフトスタンドに飛び込んだ。

沢井のプレーも高度だが、一瞬の小さな動きさえ見逃さない松本のそれはさらに上を行っていた。

横浜で、2年生としてただ1人スタメンに名を連ねる松本は、身長165センチ。小柄な二塁手だ。打順は、この日のような二番もあれば、下位を打ったり。「僕は、引っ張ったら代えられる選手」と本人が語るように、要はつなぎ役だ。

「だから練習では、バットとボールの角度を計算するように打つんです。このくらいで二塁ゴロ、これで一、二塁間というふうに」

そんなだから、両監督が「ホームランはない」と計算したのもうなずける。松本本人にしてもこうだ。

「高校生活初のホームランです。自分が打っちゃって、ありゃ、びっくりという感じ」

古岡が初めて出した走者がホームラン。ウチが先に点を取れれば、多少はおもしろいかも……とはじいていた奥本監督のそろばんは、この先制点でご破算になった。

今日は三振を狙わず、打たせていこうと切り換えた松坂は、5回、スコアボードの「H」

のところが0であることに気がついた。

「あれ？　まだヒットを打たれていないぞ、ノーヒットノーランだぞ、と。でもその時点では、どこかで打たれるだろうと思っていました。だいたい、ポテンヒットとかボテボテの内野安打とかがありますからね」

この5回も三者凡退。三振は狙わないはずでも、ここまでで6個を奪っているのだから、さすがに疲れてはいても並みのピッチャーじゃない。

その裏、横浜の攻撃。ヒットで出た斉藤清を堀雄太が送り、佐藤の打球はふらふらとセカンドの後方に上がる。これを、突っ込んできたライトの田坪がいったんグラブに入れるが、前にこぼしてしまった。記録はヒットで、その間に斉藤清がホームイン。2、3点あれば勝てる、と踏んでいた渡辺監督にとっても、1点のままだったらまだ分からないと考えた奥本監督にとっても、大きな1点が入った。

だいたい横浜打線というのは、相手が左投手のとき、打順の二回り目以降に本領を発揮してくる。鹿児島実の杉内俊哉、ＰＬ学園の稲田、明徳義塾の寺本……そして、この日もそうだった。

依然続く松坂のノーヒットを、鉄壁の守備陣も盛り立てる。

6回は三振、三振のあとのファーストゴロを後藤がはじくが、松坂の俊敏なベースカバーで事なきを得た。7回。沢井の難しいバウンドのショートゴロを佐藤が軽快にさばき、三振、振り逃げのあとは、松本がすばやいフットワークで回り込み、セカンドゴロを刺した。ほかにも「ヒットコースだ」という当たりを、絶妙なポジショニングで簡単にアウトにしたり。

「あの佐藤、松本の二遊間は、プロのレベルでしたね」と松坂のいう横浜の守備のレベル、ここまで高い。松坂がノーヒットノーランをやってやる、と意識したのはこの7回が終わったときだ。

ショートの佐藤とは、こんな話をしたのを思い出した。

「松坂の球威だから、内野にはひねくれたゴロが多いんです。だからそれに備えた練習もしますが、夏の大会前には軟式のボールでノックをやりました。神奈川は人工芝の球場が多いため、その対策なんですが、それは甲子園でも生きています」

いかに甲子園が素晴らしいグラウンドとはいえ、また試合ごとに水をまくとはいえ、大会の進行とともに土が乾き、硬くなるのは避けられない。自然、高いバウンドのゴロが多くなる。処理の難しいそれらの打球にタイミングを合わせるには、軟式球でのノックが生きたというわけだ。

渡辺監督は言う。

「内野安打になってもおかしくない当たりを、松本、佐藤という二遊間がどれだけ助けたか。打球に対する反応が、それほどすぐれていました。軟式ボールのノックもそうですが、ふだんから相手打者のバットの角度、ピッチャーの投げるコース、球種から、打球の方向を予測しなさい、とうるさく言っていたことを、体に刻み込んでいましたね」

一方、京都成章ベンチ。回が進むにつれて濃密になる異様な空気に、息苦しさを感じていた。5万5000の観衆が、そろってなにかを期待する圧力。そう、ノーヒットノーランだ。

「ノーヒットノーランを期待するお客さんの歓声や拍手で、ダグアウトが地響きするんですよ。目に見えないああいう力からは、逃れられんようになる。選手たちには悪いが、ウチが勝ったらまずいようなムードでしたね。もともと心のどこかに、〝ようここまで

きたな〟という思いもあったかもしれません」（奥本監督）
8回の京都の攻撃。先頭の橋本重之が、四球を選んだ。7回の振り逃げ以外でランナーを出したのは、初回以来のことだった。すかさず横浜ベンチから、鳥海健次郎が伝令に走る。横浜の内野陣がマウンドに集まり、その輪が解けるときだ。
「ショートの佐藤が〝（ノーヒットノーラン）やっちゃえよ〟と言うんです。僕は〝言うなよ、そういう大記録って、口にしたらできないものだよ〟と」（松坂）
確かに、そういうジンクスはある。記者席ならばたとえば、ノーヒットノーランが進行中のとき、いつ以来のことなのか調べようと、資料をひっくり返したちょうどそのときに、ヒットが出るとか。
だが横浜はその直後も、ファーストの後藤がはじいたゴロを松本が機敏にバックアップするなどの好守備が続く。一塁は紙一重のタイミングで、「どれかひとつくらい、セーフと言ってくれてもよかったのに……」と奥本監督は、ため息をついた。
8回裏の横浜は、斉藤清のタイムリーで1点を追加し、史上5校目の春夏連覇とノーヒットノーランが見えてきた9回は林彰吾がセカンドゴロ、沢井サードゴロ、田坪四球の二死一塁で、打席には三番・田中が入った。

松坂は、最後は三振で、と小山と決めていた。相手は主軸、不足はない。

カウント2ボール2ストライクからの5球目だ。外に逃げるスライダーに、田中のバットは大きく空を切った。スライダーを狙っていたからこそ、手が出てしまった。天を仰ぐ田中。

「僕の想像ですけど、松坂としてはおそらく、最後は150キロぐらいの真っすぐで終わりたかったと思います。だけど小山が、打ち取れる確率を考えてあえてスライダーを要求したのでは。だとしたら、最後まで冷静でしたね。そして松坂は、やっぱりすごかった」(田中)

松坂はその瞬間、ノーヒットであることを確かめるようにスコアボード方向を向き、PL戦では忘れていたガッツポーズで夏を締めた。決勝戦でのノーヒットノーランは、実に59年ぶり、史上2度目のことだった。

「ホンマ、松坂君のためにあった大会でしたね。持って生まれたもんもあるし、努力もしているんでしょうが、いったいどんだけの星の下に生まれたら、あれだけのことが起きるのか……」

とは京都・奥本監督で、この試合をスタンドで観戦していたPLの古畑和彦、大西宏明、井関雅也、稲田学は、「やっぱ松坂はバケモンやな」と心をふるわせた。

その怪物が98年春夏の甲子園で残した記録は、11試合で11勝無敗。10完投のうち完封が6で、99イニングを投げて自責11は防御率ちょうど1・00、奪った三振97。松坂は後年、こんなふうに回想した。

「この高校最後の3試合は、見ていた人の記憶に残ってくれるでしょうね。それにしても……長い夏でした」

17日間にわたる長い夏。8月6日、この大会の開会式で選手宣誓をしたのは、先にふれたように横浜の主将・小山だった。フレーズの一部を、繰り返す。

「……21世紀に向けて、多くの人に生きる勇気と希望を与えることのできるように、全力でプレーすることを誓います」

その言葉どおり、全力プレーで達成した史上5校目の春夏連覇。奥本監督が言うように、松坂の、だけではない。小山、常盤、柴、後藤、松本、佐藤……全員がヒーロー。

まさに、横浜のためにあった大会だった。

「史上最強のメンバーだと思います」

お立ち台の松坂は、そう言った。横浜、11年ぶり史上5校目の春夏連覇達成――。

準決勝の明徳義塾戦は、8回表まで0対6とリードされながら残り2イニングで怒濤の反撃を見せサヨナラ勝利。その瞬間、まさかの敗戦に明徳義塾ナインは皆、グラウンドにうずくまった

決勝の京都成章戦では松坂がノーヒットノーランの偉業を達成。87年のＰＬ学園以来11年ぶり史上5度目の春夏連覇を遂げた

第七章

公式戦44連勝成就、そして……

年間無敗の四冠達成！

夏の甲子園終了後、9月上旬に行われた第3回アジアAAA選手権には、横浜から松坂大輔、小山良男、京都成章から田中勇吾、明徳義塾から寺本四郎、藤本敏也、PL学園から上重聡、古畑和彦、田中一徳ら、選手18人が代表に選ばれた。日本はこの大会、9月14日の決勝で台湾に勝って優勝する。

夏の甲子園準々決勝の死闘のあと、松坂に声をかけそびれた上重だが、この日本代表のときの宿舎では、都合よく同室になった。

「松坂と話せるのでワクワクしていたんですけど、怖くもあったんです。〝怪物〟と言われると、なんか近寄りにくいじゃないですか。それがね、メッチャふつうでびっくりしました。存在感はあるけど、ふつう。ただやっぱり、凡人とは違いましたよね。たとえば〝緊張しないの？〟ときいたら〝しないよ。自分がふつうに投げれば、抑えられるから〟。〝平常心でいられるの？〟〝平常心でいられるヤツは、自分が平常だということさえ意識しないでしょ〟。これは、次元が違うなと思いました。

かと思うと、試合に向かうバスの中では、コーラを飲んでスナックをバクバク食べているんです。登板日なのに。僕らPLの人間としては、桑田さんの考え方が染みついているでしょう。自制して、ストイックに練習してこそ、得られるものがある。炭酸なんかもってのほかで、だから松坂のふるまいは信じられませんでした。だけど日常なにをしようが、すごいヤツはすごいんだと痛感しましたね」

話はそれるが、かつてバレーボールの男子日本代表が強豪国・ブラジルに単身武者修行に出たときの話。

「こっちは前日の夕食から睡眠から気を配り、試合に備えているのに、ブラジルの選手たちは前日に酒を飲み、試合直前にピザをぱくつくんです。なのに、そのままコートですごいパフォーマンスをする。そもそもの土台が違うんだとイヤになりました」

一方その間、松坂と小山以外の横浜のメンバーも、そうそうのんびりはしていられない。腰の治療で登録から外れる後藤武敏以外は、10月下旬からは、地元で「かながわ・ゆめ国体」が控えているのだ。

それと並行して、袴塚健次や松本勉ら2年生が残った新チームもスタートしなければならない。甲子園の決勝が終わったのが8月22日で、横浜の秋の公式戦は9月5日が初戦とあまり時間はない。この夏、日本の高校生で一番長く野球をやっていたのだから、ただでさえ新チームづくりは出遅れている。

上の世代がとてつもない実績を残した以上、全国から注目されるのは当然で、新チームもそう恥ずかしい試合はできない。かといって渡辺元智監督は、挨拶回りや祝賀会などの行事が多忙……そこで、横浜の小倉清一郎部長が名案をひねり出した。

「新チームは、オレが責任を持って担当する。国体に向けての練習は、出場する3年生の自主性に任せよう。だから監督は安心して挨拶回りを続けてくれ」

新チームは、8月25日から実戦をスタートしたが、市川（山梨）に敗れるなど、練習試合を負け越して公式戦に突入した。それでも、さすがに地力はある。徐々にエンジンがかかって秋の神奈川県を制し、秋季関東大会出場を決めた。国体の開幕は、その後の10月25日だった。

国体の高校野球（硬式野球の部）は、部活動をほぼ引退した3年生による甲子園の

Bの同窓会というオモムキがあり、お祭り気分たっぷりの大会だが、この年の神奈川国体は甲子園の盛り上がりそのままに、熱気に包まれていた。

延長17回の歴史的名勝負を演じたPL学園、奇跡の大逆転を果たした明徳義塾、松坂がノーヒットノーランを達成した京都成章……と、横浜が準々決勝以降に対戦したチームが顔をそろえるのだから、ファンはたまらない。地元・横浜が出場する試合は超満員となる。日南学園との初戦では、大和引地台球場に開場以来最多の1万1000人が詰めかけ、入場制限がかかるほどだった。

その日南学園戦、途中から登板した松坂は、5回打者15人に投げて1安打、10三振。球速は153キロに達し、「球のキレは甲子園よりよかったかな」。チームも3対2と逆転勝ちし、ベスト4に進んだ。

PL学園は、初戦で桜美林（東京）を7対5と下し準々決勝でも明徳に12対7。救援登板した上重は、その日、松坂が電話を欲しがっていると聞き、公衆電話から電話をしてみた。すると、「今度は打たせないぞ。調子はいままでで一番いい。決勝でやりたいな」と松坂。だが、夏の甲子園終了後に上重が練習を再開したのは、国体の3日ほど前だったから、本調子にはほど遠い。

「だから、横浜と当たるとしたら決勝でしたけど、僕はやりたくなかったですね。夏の17回は生涯のベストゲームなので、自分の調子がよくないときにまた横浜と対戦したら、その価値が下がってしまうような気がしたんです」

結局PLは翌日、京都成章に5対7で敗れて再戦は実現しなかった。待機中にその試合を見ていた松坂は、古岡基紀から二つ目の三振を喫した三垣勝巳のところに顔を出し、「あれじゃ、オレの球は打てないよ」とおちょくったという。このあたりが、甲子園同窓会の雰囲気だ。

横浜はその後の星稜戦を松本勉、小池正晃のホームランなどで18対2と圧勝する。大差の試合、松坂が登板する必要はなかったが、渡辺監督は詰めかけたファンのためにと、松坂を9回のマウンドに上げた。松坂はその1イニングを投げ、2安打を許したが3つのアウトすべてを空振り三振で奪っている。

そして10月28日、横浜にとって前年秋からの公式戦44試合目。国体の決勝は、夏の甲子園決勝と同じ京都成章との対戦だ。京都・奥本保昭監督には、心中期するものがあっただろう。こんな話を聞いたことがあった。

「甲子園では、決勝としては海草中（現向陽・和歌山）の嶋清一さん以来59年ぶりのノーヒットノーランだったでしょう。そのとき、やられた下関商（山口）のほうは、１９６３年のセンバツで優勝しているじゃないですか。だから選手たちには、〝ノーヒットノーランを忘れたらアカン。下関商になれ〟ゆうてるんです」

この国体決勝は、当の相手にリベンジする願ってもないチャンスというわけだ。

平塚球場には、夏の甲子園の余韻をもう一度味わおうと、準決勝の１万１０００人よりさらに多い１万６０００人の観客が詰めかけた。

お祭り気分でありながら、真剣勝負の１回表。京都の三番・田中が、松坂からレフト前に打ち返した。ノーヒットノーランの最後の打者となった田中が、松坂からチーム初安打を放ったわけで、ベンチ、そしてスタンドから大歓声が上がった。

それでも横浜は初回、加藤重之の二塁打を足がかりに松坂のタイムリーで先制すると、2回にも加藤がタイムリー。京都も7回、古岡のタイムリーで松坂から初得点を奪ったがそこまでで、２対１で横浜の勝利。松坂は8安打を許し、「完封したかったけど強かった。ノーヒットノーランなんて、よくできたものです」と相手を称えた。とはいえ、奪った三振が毎回の16というからすごい。古くは全国大会とはいえなかった神宮大会を除き、春夏甲子園、そして国体という3つの全国大会で、この年に松坂が挙げた勝ち星は13。これは、63年の池永正明（下関商・元西鉄）の12勝を抜く史上最多といわれる。

そして……97年秋の新チーム結成以来横浜は、公式戦無敗の44連勝、明治神宮大会、春夏の甲子園、そして国体と四冠を達成して年代を終えた。いずれも前人未踏、空前絶後。

「あのチームは、完璧でした。あらゆるチームプレー、チームワーク、個人の能力はもちろんモチベーションの高さも、厳しさも。そうでなければ、夏の甲子園で3試合続けて奇跡的なドラマなんて起きませんよ。それと、知的な能力も高かったですね。たとえば夏の準決勝、ベンチの指示ではなく自分の意思で左打席に立ち、セーフティーバントを決めた加藤にしても、相手野手がちょっと動いただけで内角と読み切り、決勝でホームランを打った松本にしても……」

渡辺監督は、そう振り返る。

実は渡辺監督、自身の体調のこともあり、地元国体での史上初めての四冠を有終の美にするつもりだった。

「だけど、それをうすうす察知した松本たち、新チームの選手が、〝僕らの年代もお願いします〟というムードになったんです。やはり選手はかわいいですし、身を引きたいと思っても、なかなかそうはいかないわけです。次のチームははっきりいって、戦力としては松坂たちに比べてがくっと落ちるんですよ。ただ、あのチームがよくセンバツに出てくれました」

そして、いま。横浜再建への道

１９９９年3月26日。横浜とＰＬ学園は、みたび甲子園のホームをはさんで試合開始の挨拶をした。横浜は、98年秋の関東大会で準優勝。同じく秋の近畿大会で優勝したＰＬ学園とともに、翌99年のセンバツにも出場すると、なんというクジのいたずらか、98年春夏に続く3季連続での対戦が1回戦で実現するのである。

そこまでの長い高校野球の歴史で、3季連続の同一カードは過去に3例。いずれも夏・春・夏の3季で、春・夏・春となると史上初めてのこと、というのがなおさら因縁めいている。横浜では松本、袴塚、斉藤弘樹らが前年夏の経験者で、PLには田中一と田中雅彦が残っていた。

PL・河野有道監督は「3季連続は意識しない」と言うが、それは大人の感覚だろう。実質1年の間に3回目の対戦ともなれば、選手のほうは意識しまくるに違いない。たとえば、PLの田中一。前年夏の甲子園後、日本代表の大会期間中は、新チームの大阪府大会には参加できない。もちろん、まさか早い段階で負けるとは思わないが、自チームの試合は気になる。だから、しょっちゅう電話をかけては試合経過をチェックしていた（なにしろ、いまほどインターネットが普及する前の話である）。

そして勝利を確認すると、松坂には「ウチは勝ちました。横浜はどうですか？」とけん制を忘れない。

「心のどこかで、〝横浜もセンバツに出てこい、もう一度やろう〟と思っていたんです」

と田中一が夢に見た対戦が、本当にセンバツで実現する。

第71回選抜高校野球大会第2日の第3試合。1回戦、しかも平日というのに、3万4000の観衆が詰めかけた。

ＰＬと対戦するクジを引いたのは、横浜のキャプテンになった松本だ。

「きのうは松坂さんから電話がありました。〝ＰＬ出身の松井（稼頭央・当時西武）さんと一緒にテレビ観戦するから、頑張れ〟と。〝バッチリです〟と答えておきました」

チーム全員が、松坂から差し入れられたソックスをはいて臨んだ3度目の対決。トップを打つ松本がいきなりヒットで出塁すると、すかさず二盗して後続のタイムリーで先制のホームを踏んだ。

そこからは、過去2戦同様追いつ追われつ。5対5で迎えた8回裏のＰＬの決勝点は、レフトからの返球が走者の背中に当たるという、どこかで記憶にあるような展開だった。

9回表、最後のバッターとして三振に倒れた松本は、試合終了の挨拶が終わると田中一にこう語りかけた。

「絶対、優勝しろよ！」

それは前年の夏、延長17回を終えたあとにＰＬナインにかけられた声と同じだった。

渡辺監督は言う。

「前の年のセンバツは、三塁からの送球がウチの走者に当たって同点に追いついていますから、決勝点には不思議な因縁を感じました。心のどこかには、史上初の3連覇というのがありましたが、力のなかったあの世代で甲子園にまず行けたこと、センバツの紫紺の大優勝旗を全員で返還できたこと。それが、その後も監督を続けるのに非常に大きな支えになりましたね」

両者は99年夏は甲子園出場を逃し、以降は直接対決がないまま2017年、PL学園野球部は休部状態になっている。

一方の横浜も、15年夏を最後に渡辺監督が勇退すると、教え子である平田徹監督を経て20年春からは村田浩明監督が就任した。やはり渡辺監督の教え子で、2年生だった03年センバツに捕手として準優勝を経験している。1学年上の成瀬善久（元ロッテほか）、同学年の涌井秀章（楽天）が投の二枚看板だった。

村田監督3年の夏も、チームは甲子園でベスト8まで進んだが、このときは1年生の福田永将（中日）にマスクを譲っている。ただ渡辺監督は、その人間性を大きく評価し、キャプテンに指名していた。

涌井がエースのこの年の横浜は強かった。だが――春の神奈川と関東を制し、さあ夏本番という5月末。渡辺監督が突然の脳梗塞に倒れて入院する。村田も実は、前年秋の県大会3回戦で敗れると、ストレスからか胸に痛みが走り、主将退任を申し出た。だが渡辺監督は「オマエにしかできない」。その信頼がうれしかった。

だから監督不在の間も、懸命にチームの舵を取った。出られなかった3年春のセンバツでは、たった1人、準優勝旗の返還で入場行進した。その悔しさを晴らすには、夏しかない。ときには病床の監督から「オマエたちの力で甲子園に行け」とメールが入ることもあった。

そうして、7月14日の神奈川大会初戦。病院から球場に駆けつけた渡辺監督のもと、チームは一丸となって神奈川を勝ち抜き、3年ぶりの夏の甲子園出場を果たすことになる。さらに在学中、渡辺監督から「オマエは指導者になれ」と言われたとおり、村田は日体大を経て指導者となった。ただし、県立高校の監督として、だ。

「大学のころからコーチとして母校のお手伝いはしていましたが、渡辺監督には〝私は県立で勝負します〟と宣言したんです」

横浜のほかにも東海大相模、桐光学園……と強豪がひしめく激戦区・神奈川で、県立校の夏の甲子園出場は、1951年の希望ヶ丘までさかのぼる。すでに70年前。強豪のひとつである横浜商は市立だ。県立で甲子園へ、というのは並大抵なことではない。

日体大卒業後、「奇跡的に、20倍という高い倍率の採用試験をパスして」赴任した神奈川県立霧が丘高では野球部長を務め、13年に異動した白山でも部長を経て監督となったが、やはり神奈川は甘くはない。

なにしろ就任当初、グラウンドは雑草だらけ。バッティング練習が終わったら帰りたがるような生徒の集まりである。初めての夏だった14年は初戦で敗退し、15年夏は1勝したものの、16年夏も初戦負けだ。

だが根気よく練習を積み重ね、少しずつ結果が出ると選手たちも「練習はきついけど、楽しいよな」と変わっていく。18年には、北神奈川大会でベスト8まで進出し、横浜商大高に敗れたものの手応えを得た。だが19年、母校・横浜で指導者の不祥事が発覚。後任として白羽の矢が立ったのが、村田監督だった。

母校をなんとかしたい。しかし、県立で甲子園へという夢がある。迷いに迷ったが、高校時代同様恩師・渡辺監督の「オマエしかいない」という声に背中を押され、母校の監督に転じたのが20年の春だった。

渡辺監督には、本当に人生を変えてもらった……村田監督は、そう思っている。

オレが最後まで現役でいたい

神奈川・川崎市の小学生時代、村田監督のチームは全日本学童軟式野球大会マクドナルド杯で、神奈川県大会の決勝まで進出する。だがそこで敗れ、小学生の甲子園と呼ばれる全国大会出場はならず。翌日の新聞に掲載された結果を見て、悔しさがこみ上げたが、その下の記事に目が止まった。

横浜・渡辺監督のことが書かれている。1986年生まれの村田監督の小学校6年といえば、98年。そう、ちょうど横浜の春夏連覇の年だ。全日本学童の神奈川の決勝が行われたのは、時期的にはおそらく、6月上旬。横浜高校の試合でいうと、春の関東大会を制したあとではないか。

なにぶん小学生だから、高校野球のことは詳しく知らず、内容は細かく覚えていないにしても、村田少年は渡辺監督の記事にいたく興奮した。そしてその後、横浜が春夏連覇を達成するにいたり、憧れとともにこう思った。自分も横浜高校に入りたい——。

そこから、先述のような高校時代を過ごすのだから、渡辺監督の記事との出合いが運命を変えたともいえる。

「高校1年の冬には、グラウンドに挨拶に見えた松坂さんを初めて見ました。憧れの存在であり、とにかくオーラがすごくて……。いまの選手たちも、もちろんリアルタイムでは知りませんが、校内にも寮にも当時の写真が飾られていますから、松坂さんたちは憧れの存在でしょう。無敗の四冠を越えることはできません。それも、ほかのチームにもスーパースターがごろごろいた98年に無敗というのは、すごすぎます」

大学時代にコーチとしてお手伝いした母校に戻ると、自分がいたころとはすっかり変わっているのに驚いた。時代とともに変わっていくのは当然だが、横浜の野球のいい部分が薄れてしまっている気がした。だから、「いまは鍛えに鍛えて、組織をしっかり確立できるようにしているところです。あの98年夏、小山さんが宣誓でおっしゃったように、夢と希望と感動を与えられるチームをもう一度つくりたい」と村田監督は言う。

15年の夏、勇退する渡辺監督の最後の試合となったのが、東海大相模との神奈川大会決勝だった。0対9の敗戦。相模はその夏に全国制覇を果たすと、21年のセンバツでも優勝を果たしている。一方の横浜は16〜18年夏、19年春に甲子園に進んだものの、なかなか上位までは勝ち残れない。

「歴史は繰り返すと言います。思えば、原貢監督が率いていた時代の東海大相模を渡辺監督が追い、その横浜を門馬敬治監督の相模が目標として強くなった。門馬監督は勇退されますが、今度は私が相模や、ほかの強豪を追いかける番です」

村田監督は、母校の再建をそう描いている。

監督に就任した20年、松坂が横浜の長浜グラウンドを訪れたことがあったという。激励にきたよ、という憧れの先輩と交わした言葉のうち、印象的なのがこれだ。

「世間では〝松坂世代〟って言うだろ。だから、オレが最後までプロ野球で現役をやらなきゃダメなんだ。ボロボロだけど、意地でも最後までやって終わらなきゃいけない」

その松坂が引退を表明したいま、松坂世代で残る現役選手は、和田毅（2021年ソフトバンク）1人となった。

PL学園と横浜が準々決勝の延長を戦っていた、あの98年夏。その日の第3試合に登場する浜田（島根）のエース・和田は、アルプススタンドと外野席の切れ目から松坂の投球を見た。「田舎の公立校」（和田）だった浜田は、優勝候補の帝京（東東京）を3回戦で下してのベスト8進出だ。2点をリードしていた8回表、帝京一死二塁。和田のストレートが、甘く入る。打球はセンターへ。

「抜かれた、と思ったら、とんでもない伸びを見せてそのままバックスクリーンです。〝やっぱアイツ、すげえな。さすがドラフト候補だな〟とあきれましたね」

〝アイツ〟とは、帝京の三番を打つ森本稀哲（元日本ハムほか）だった。だが浜田はその裏、押し出しで勝ち越しの1点を挙げると、和田が9回を抑えて逃げ切っている。

そうして迎えた準々決勝。浜田ナインは予定どおりの時間に球場に着いたが、なにしろ第1試合のPLと横浜がいつ終わるとも知れない延長である。選手待機所を兼ねる室内練習場には、まだ第2試合の出場チームがいるために入れない。だからその間、客席の切れ目から第１試合をのぞいてみたのだ。

「松坂のピッチングはちょっと別次元で、こういう人間がプロの一流になるんだろうな、と思いましたね」。そう言う和田も、早稲田大を経て一流になるのだが。

松坂が代名詞となっている松坂世代の１９８０年度生まれには、入団年を問わず、94人が日本のプロ野球入りした。そのうち個人タイトル獲得者だけでも松坂、新垣渚、杉内俊哉（いずれも元ソフトバンクほか）、和田、藤川球児（元阪神ほか）、久保田智之（元阪神）、舘山昌平（元ヤクルト）、村田修一（元横浜ほか）、梵英心（元広島）、小谷野栄一（元日本ハムほか）……。ほかにも東出輝裕（元広島）、赤田将吾（元西武ほか）ら、いやはや、すごい。世代選抜チームを結成したら、確実に優勝候補である。

横浜はそのうち、98年春夏の甲子園で、投手としては光原逸裕（報徳学園、元オリックスほか）、村田修一（東福岡）、久保康友（関大一）、杉内俊哉（鹿児島実）、寺本四郎、高橋一正（明徳義塾）、神奈川県では舘山昌平（日大藤沢）らと対戦した。

「それでも、松坂は別格でしたよね」と言うのは春夏連覇の主力の１人・小池だ。なにしろ高校時代からスピード、スライダーのキレ、フィールディング……プロの投手と比較しても、松坂の上回っているところがどこかにあったのだ。

で、聞いてみた。自分たちが松坂世代と呼ばれることをどう思っていたか。

各自がプロ入りするくらいの実力の持ち主だから、それぞれ、自分の力量にプライドもあれば、ライバル意識もあるだろう。だから、松坂という枕詞に嫌悪感を持つ選手もいる。現にある選手を取材したときなど、松坂の名前を出したら露骨に不機嫌になり、とりつく島がなく、さんざんの結果に終わったこともある。

「う〜ん、僕はそれはないですね。やっぱり彼が中心なのは間違いないし、現に一番勝っていますし、別格なんですよ。僕は高校時代から彼に追いつきたいつもりでやってきましたし、対戦相手にしたらもちろん、倒したい目標でしょう。だから、世代の象徴だった。それでいてマツは、抜きんでた実績を残しても、傲慢になったり人を見下すタイプじゃないんですよ。ホントにナイスガイです。だから、松坂世代と言われることに反感はまるでないんです」

1998年から続いた松坂大輔という旋風。いま、静かな凪になろうとしている。

【参考文献】

ドキュメント　横浜vsPL学園／アサヒグラフ特別取材班（朝日文庫）
甲子園　歴史を変えた9試合（小学館）
小倉ノート／小倉清一郎（竹書房）
あの夏（下）／朝日新聞スポーツ部編（朝日新聞出版）
YOKOHAMA　再建の誓い／村田浩明（ベースボール・マガジン社）
甲子園最高勝率／中村順司（ベースボール・マガジン社）
朝日新聞（朝日新聞社）
毎日新聞（毎日新聞社）
神奈川新聞（神奈川新聞社）
週刊朝日増刊（朝日新聞社）
報知高校野球（報知新聞社）
週刊ベースボール増刊（ベースボール・マガジン社）
大逆転！（ベースボール・マガジン社）
ベースボール・アルバム　松坂大輔（ベースボール・マガジン社）
スポーツ・スピリット（ベースボール・マガジン社）
にっぽんの高校野球・神奈川編（ベースボール・マガジン社）
横浜高校野球部（ベースボール・マガジン社）
各関連ホームページ

戦いの軌跡

横浜高校の公式戦44連勝と松坂大輔の投手成績

大会	月日	回戦	スコア	対戦校	登板	投球回	被安打	奪三振	四死球	失点	自責点
秋季横浜地区	97.8.23	地区予選	11-1	市ヶ尾	先発	3	3	3	2	1	1
	8.24	〃	10-0	氷取沢	登板なし	-	-	-	-	-	-
	8.26	〃	14-4	鶴見工	完投	5	3	10	9	4	3
秋季神奈川	9.7	2回戦	4-3	藤嶺藤沢	完投	9	1	15	2	3	1
	9.13	3回戦	14-0	茅ヶ崎西浜	完封	5	1	12	0	0	0
	9.20	4回戦	8-4	東海大相模	完投	9	10	9	6	4	3
	9.28	準々決勝	7-1	川崎北	先発	8	3	11	3	1	0
	10.4	準決勝	7-1	横浜商	完投	9	6	6	2	1	1
	10.5	決勝	9-0	日大藤沢	完封	9	5	11	2	0	0
秋季関東	11.3	準々決勝	11-1	水戸商	完投	6	4	6	0	1	1
	11.4	準決勝	9-0	浦和学院	完封	7	1	6	2	0	0
	11.5	決勝	2-1	日大藤沢	完投	10	3	12	3	1	1
明治神宮	11.16	1回戦	5-1	豊田西	完投	9	5	14	3	1	1
	11.17	準決勝	5-2	国士舘	完投	9	3	11	3	2	0
	11.19	決勝	5-3	沖縄水産	完投	9	5	6	7	3	1
センバツ	98.3.28	2回戦	6-2	報徳学園	完投	9	6	8	2	2	2
	4.3	3回戦	3-0	東福岡	完封	9	2	13	3	0	0
	4.5	準々決勝	4-0	郡山	完封	9	5	7	2	0	0
	4.7	準決勝	3-2	PL学園	完投	9	5	8	4	2	2
	4.8	決勝	3-0	関大一	完封	9	4	7	2	0	0
春季神奈川	4.18	3回戦	10-0	柏陽	登板なし	-	-	-	-	-	-
	4.26	4回戦	12-2	川崎北	登板なし	-	-	-	-	-	-
	4.29	準々決勝	4-0	慶応	完了	2	1	2	0	0	0
	5.4	準決勝	4-0	横浜商	完了	2	2	1	0	0	0
	5.5	決勝	17-8	東海大相模	先発	7	6	7	7	8	6

大会	月日	回戦	スコア	対戦校	登板	投球回	被安打	奪三振	四死球	失点	自責点
春季関東	5.17	2回戦	3-0	埼玉栄	完封	9	5	12	0	0	0
	5.19	準々決勝	1-0	八千代松陰	登板なし	-	-	-	-	-	-
	5.20	準決勝	6-5	坂戸西	登板なし	-	-	-	-	-	-
	〃	決勝	1-0	日大藤沢	完封	13	2	19	2	0	0
夏季東神奈川	7.18	2回戦	6-0	神奈川工	完了	1	0	2	0	0	0
	7.21	3回戦	10-0	浅野	登板なし	-	-	-	-	-	-
	7.22	4回戦	10-0	武相	完封	5	2	6	0	0	0
	7.25	準々決勝	12-0	鶴見工	登板なし	-	-	-	-	-	-
	7.26	準決勝	25-0	横浜商大高	完封	9	7	8	2	0	0
	7.28	決勝	14-3	桐光学園	完投	9	5	9	6	3	3
選手権	8.11	1回戦	6-1	柳ヶ浦	完投	9	3	9	6	1	0
	8.16	2回戦	6-0	鹿児島実	完封	9	5	9	0	0	0
	8.19	3回戦	5-0	星稜	完封	9	4	13	2	0	0
	8.20	準々決勝	9-7	PL学園	完投	17	13	11	6	7	7
	8.21	準決勝	7-6	明徳義塾	完了	1	0	1	1	0	0
	8.22	決勝	3-0	京都成章	完封	9	0	11	3	0	0
神奈川国体	10.26	2回戦	3-2	日南学園	完了	5	1	10	1	0	0
	10.27	準決勝	18-2	星稜	完了	1	2	3	0	0	0
	10.28	決勝	2-1	京都成章	完投	9	8	16	1	1	1
計　37試合登板32勝0敗、防御率1.10、28完投・13完封						278	141	324	94	46	34

1998年 夏の甲子園 横浜高校の全6試合スコア

◇1回戦　観衆＝43000人　時間＝2時間3分

柳ヶ浦		打	得	安	点	1	2	3	4	5	6	7	8	9
(三)	古郷大知	3	0	1	0	**左2**	…	遊飛	左飛	…	…	投ギ	…	…
△(右)	藤田　恵	3	1	0	0	投ゴ	…	四球	…	一ゴ	…	三振	…	…
(捕)	中野滋樹	4	0	0	0	三振	…	三ゴ	…	投ゴ	…	投ゴ	…	…
△(投)	大崎博之	3	0	0	0	死球	…	二失	…	遊ゴ	…	…	遊ゴ	…
(左)	萩原典之	2	0	0	0	四球	…	三振	…	…	四球	…	三ゴ	…
(一)	広瀬忠臣	3	0	1	0	右飛	…	…	四球	…	**右安**	…	三振	…
(遊)	峯岡　彰	3	0	0	0	…	三振	…	捕ギ	…	三振	…	…	遊ゴ
(二)	智葉太士	3	0	0	0	…	三振	…	三振	…	三振	…	…	…
△打	小嶋公輔	1	0	0	0	…	…	…	…	…	…	…	…	遊ゴ
(中)	松葉晃次	2	0	1	0	…	投ゴ	…	四球	…	…	**二安**	…	…
打	松尾太一	1	0	0	0	…	…	…	…	…	…	…	…	二ゴ
	計	28	1	3	0									

			1	2	3	4	5	6	7	8	9
柳ヶ浦	1	=	0	0	1	0	0	0	0	0	0
横浜	6	=	0	1	0	0	1	0	0	4	X

横浜		打	得	安	点	1	2	3	4	5	6	7	8
(右)	小池正晃	5	0	0	0	投ゴ	…	遊ゴ	…	二ゴ	…	遊併	左飛
□(中)	加藤重之	4	1	3	1	**左2**	…	遊ゴ	…	**左安**	…	…	**左2**
△(左)	柴　武志	3	1	1	0	四球	…	一ゴ	…	一ゴ	…	…	**一安**
(一)	後藤武敏	2	0	0	1	左飛	…	…	四球	…	左飛	…	中犠
(投)	松坂大輔	4	2	2	1	…	**左安**	…	二飛	…	遊ゴ	…	**中安**
(捕)	小山良男	3	0	1	1	…	投ギ	…	三併	…	遊飛	…	**中2**
(三)	山野井成仁	0	0	0	0	…	…	…	…	…	…	…	…
三	斉藤清憲	4	1	1	1	…	**左安**	…	…	三ゴ	…	一邪	遊ゴ
(遊)	佐藤　勉	1	1	1	0	…	一ギ	…	…	四球	…	四球	**左安**
(二)	松本　勉	4	0	2	1	…	三直	…	…	二ゴ	…	**左安**	**中安**
	計	30	6	11	6								

		回	打	球	安	三	四	死	失	自
△●	大崎博之	8	37	121	11	0	4	0	6	4
○	松坂大輔	9	36	139	3	9	5	1	1	0

◇盗塁　松葉（4回）広瀬（6回）◇失策　松本（3回）峯岡（5回）松葉（8回）◇盗塁死　加藤（1回）萩原（6回）◇走塁死　古郷（1回）小山（8回）◇暴投　松坂（4回）大崎（8回）◇審判　赤井（球）窪田、森、東条（塁）　△は左打者または左投手。□は両打ち。

◇2回戦　観衆＝53000人　時間＝1時間51分

鹿児島実		打	得	安	点	1	2	3	4	5	6	7	8	9
△(中)	仮屋園慎哉	4	0	0	0	中飛	…	三振	…	…	中直	…	…	二ゴ
△(一)	吉野　翼	3	0	0	0	三振	…	…	遊飛	…	…	三振	…	…
一	川田将士	1	0	1	0	…	…	…	…	…	…	…	…	**左安**
走	加治屋友貴	0	0	0	0	…	…	…	…	…	…	…	…	…
(二)	貞　優樹	4	0	1	0	遊ゴ	…	…	左飛	…	…	二ゴ	…	**左安**
(三)	萩元祐樹	4	0	1	0	…	三振	…	三ゴ	…	…	**中安**	…	三振
(捕)	森山　泰	3	0	0	0	…	一ゴ	…	…	三振	…	中飛	…	
△(遊)	小倉飛鳥	3	0	1	0	…	**右安**	…	…	二ゴ	…	…	三振	
(左)	中尾知博	3	0	0	0	…	投ゴ	…	…	三振	…	…	三振	
(右)	山内裕次郎	3	0	0	0	…	…	二飛	…	…	投ゴ	…	遊ゴ	
△(投)	杉内俊哉	3	0	1	0	…	…	**左安**	…	…	中飛	…	…	左飛
	計	31	0	5	0									

			1	2	3	4	5	6	7	8	9
鹿児島実	0	=	0	0	0	0	0	0	0	0	0
横浜	6	=	0	0	0	0	0	1	0	5	X

横浜		打	得	安	点	1	2	3	4	5	6	7	8
(右)	小池正晃	3	2	1	1	一ゴ	…	三振	…	…	四球	…	**左安**
□(中)	加藤重之	3	1	2	1	**左安**	…	三ゴ	…	…	投ギ	…	**中安**
(一)	後藤武敏	3	1	1	2	三振	…	…	右飛	…	中犠	…	**右3**
(投)	松坂大輔	4	1	1	2	三振	…	…	遊ゴ	…	三ゴ	…	**左本**
(捕)	小山良男	3	0	2	0	…	四球	…	**中安**	…	…	**中安**	左飛
□(左)	堀　雄太	1	0	0	0	…	三ギ	…	…	右飛	…	投ギ	…
△左	柴　武志	1	0	0	0	…	…	…	…	…	…	…	三振
(二)	松本　勉	3	0	1	0	…	遊ゴ	…	…	**右安**	…	遊ゴ	…
(三)	斉藤清憲	2	1	1	0	…	中飛	…	…	投ギ	…	…	**中安**
(遊)	佐藤　勉	3	0	0	0	…	…	三振	…	遊ゴ	…	…	捕邪
	計	26	6	9	6								

		回	打	球	安	三	四	死	失	自
△●	杉内俊哉	8	33	107	9	5	2	0	6	5
○	松坂大輔	9	31	108	5	9	0	0	0	0

◇本塁打　松坂1号（2ラン＝杉内）◇盗塁　小池2（6回、8回）加藤（8回）◇失策　中尾（8回）◇盗塁死　杉内（3回）◇走塁死　小山2（4回、7回）◇暴投　杉内（8回）◇審判　大島（球）赤井、窪田、唄野（塁）
△は左打者または左投手。□は両打ち。

◇3回戦　観衆＝33000人　時間＝1時間52分

星稜		打	得	安	点	1	2	3	4	5	6	7	8	9
(左)	成田村章	4	0	0	0	遊ゴ	…	守妨	…	…	中飛	…	三振	…
(中)	中山真吾	3	0	1	0	捕邪	…	…	四球	…	右飛	…	…	**遊安**
△(右)	門前　学	3	0	1	0	三振	…	…	**中安**	…	三振	…	…	四球
(三)	五田祐也	3	0	0	0	…	遊ゴ	…	投ギ	…	…	三振	…	三振
△(一)	菊田　潤	4	0	0	0	…	三振	…	三振	…	…	一ゴ	…	投ゴ
△走	山下智将	0	0	0	0	…	…	…	…	…	…	…	…	…
(遊)	伊丹純一	3	0	0	0	…	三振	…	三振	…	…	三振	…	…
△打	今村亮輔	1	0	0	0	…	…	…	…	…	…	…	…	三振
△(二)	石野佑一	3	0	1	0	…	…	投ゴ	…	中飛	…	…	**左安**	
(投)	米沢馨士	3	0	1	0	…	…	**右安**	…	一ゴ	…	…	三振	
△(捕)	柳瀬博範	3	0	0	0	…	…	三ゴ	…	三邪	…	…	三振	
	計	30	0	4	0									

			1	2	3	4	5	6	7	8	9
星稜	0	=	0	0	0	0	0	0	0	0	0
横浜	5	=	1	0	2	0	2	0	0	0	X

横浜		打	得	安	点	1	2	3	4	5	6	7	8
(右)	小池正晃	3	3	3	1	**中本**	…	**左安**	…	**中2**	投ギ	…	…
□(中)	加藤重之	2	0	1	0	**右2**	…	投ギ	…	投ギ	右飛	…	…
△(左)	柴　武志	2	2	1	1	投ギ	…	死球	…	**左安**	…	三振	…
(一)	後藤武敏	3	0	0	0	遊失	…	中飛	…	四球	…	三振	…
(投)	松坂大輔	3	0	0	0	四球	…	遊失	…	一邪	…	右飛	…
△(三)	常盤良太	4	0	1	1	投ゴ	…	右直	…	**右安**	…	…	一ゴ
三	斉藤清憲	0	0	0	0	…	…	…	…	…	…	…	…
(捕)	小山良男	4	0	0	0	…	中飛	…	中飛	中飛	…	…	中飛
(遊)	佐藤　勉	3	0	0	0	…	投ゴ	…	二ゴ	…	四球	…	二ゴ
(二)	松本　勉	3	0	1	0	…	二ゴ	…	遊ゴ	…	**左安**	…	
	計	27	5	7	3								

		回	打	球	安	三	四	死	失	自
●	米沢馨士	8	35	103	7	2	4	0	5	3
○	松坂大輔	9	33	148	4	13	2	0	0	0

◇本塁打　小池1号（米沢）◇盗塁　柴2（3回、5回）◇失策　伊丹2（1回、3回）◇走塁死　後藤（1回）佐藤（6回）◇暴投　松坂（8回）◇守備妨害　成田（3回）◇審判　浜田（球）杉中、久保田久、藤野（塁）
△は左打者または左投手。□は両打ち。

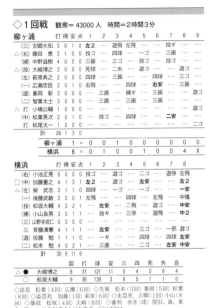

◇準々決勝　観衆＝43000人　時間＝3時間37分

横浜		打	得	安	点	1	2	3	4	5	6	7	8	9	10	11	12	13	14	15	16	17
(右)	小池正晃	8	0	1	0	三振	…	左飛	…	一飛	…	二飛	…	…	遊失	…	右飛	…	二直	…	**遊安**	…
□(中)	加藤重之	7	2	2	1	中直	…	…	**左2**	三ゴ	…	…	**左安**	…	二ゴ	…	二ゴ	…	…	死球	遊ゴ	…
(一)	後藤武敏	7	0	0	0	遊ゴ	…	…	左飛	四球	…	…	右飛	…	三振	…	…	一直	…	投ゴ	投ゴ	…
(投)	松坂大輔	8	1	3	0	…	遊ゴ	…	遊直	遊飛	…	…	左飛	…	…	**左安**	…	**右安**	…	**左安**	…	捕邪
(捕)	小山良男	7	1	5	3	…	投邪	…	**左本**	…	**左安**	…	**中安**	…	…	投ギ	…	**中安**	…	**中2**	…	左飛
□(左)	堀　雄太	3	0	0	0	…	左飛	…	三振	…	捕飛	…	…	…	…	…	…	…	…	…	…	…
左	柴　武志	5	1	1	1	…	…	…	…	…	…	…	遊飛	…	…	**中安**	…	三振	…	二ゴ	…	遊失
(三)	山野井成仁	0	0	0	0	…	…	…	…	…	…	…	…	…	…	…	…	…	…	…	…	…
三	斉藤清憲	4	1	1	0	…	…	右直	…	**左2**	二飛	…	…	三振	…	…	…	…	…	…	…	…
△打三	常盤良太	4	2	2	2	…	…	…	…	…	…	…	…	…	…	二ゴ	…	遊ゴ	…	…	**右安**	**右本**
(遊)	佐藤　勉	6	1	2	0	…	…	四球	…	**中安**	…	遊ゴ	…	投ゴ	…	捕邪	…	…	**中安**	…	捕ギ	一ゴ
(二)	松本　勉	5	0	2	2	…	…	捕ギ	…	**右3**	…	三振	…	三振	…	…	三振	…	投ギ	…	**遊安**	
	計	64	9	19	9																	

			1	2	3	4	5	6	7	8	9	10	11	12	13	14	15	16	17
横浜	9	=	0	0	0	2	2	0	0	1	0	0	1	0	0	0	0	1	2
PL学園	7	=	0	3	0	1	0	0	1	0	0	0	1	0	0	0	0	1	0

PL学園		打	得	安	点	1	2	3	4	5	6	7	8	9	10	11	12	13	14	15	16	17
□(左)	田中一徳	8	1	4	1	遊ゴ	**中安**	…	**左安**	…	三振	…	**左安**	…	遊ゴ	…	…	遊ゴ	…	…	**左安**	…
△(右)	井関雅也	4	0	2	1	三振	**投安**	…	**右安**	…	…	二ゴ	…	…	…	…	…	…	…	…	…	…
△打右	平石洋介	3	1	1	0	…	…	…	…	…	…	…	三振	…	…	**左安**	…	右飛	…	…	投ギ	…
(遊)	本橋伸一郎	5	1	0	1	四球	右飛	…	三振	…	…	四球	中飛	…	…	投ギ	…	二直	…	…	遊ゴ	…
(三)	古畑和彦	6	0	0	0	三ゴ	…	四球	左飛	…	…	左飛	…	四球	…	三振	…	…	遊ゴ	…	三ゴ	…
(中)	大西宏明	7	1	3	1	…	**中安**	一ギ	…	一邪	…	**右安**	…	一ゴ	…	**左安**	…	…	遊飛	…	…	遊ゴ
△(一)	三垣勝巳	7	1	1	1	…	ギ野	二ゴ	…	二直	…	**左安**	…	一ゴ	…	遊ゴ	…	…	中飛	…	…	右飛
(捕)	石橋勇一郎	3	0	0	0	…	捕ギ	中飛	…	二ゴ	…	三振	…	…	…	…	…	…	…	…	…	…
捕	田中雅彦	4	0	0	0	…	…	…	…	…	…	…	…	…	右飛	…	二ゴ	…	…	一ゴ	…	三振
△(投)	稲田　学	2	0	0	1	…	中犠	…	中飛	…	中直	…	…	…	…	…	…	…	…	…	…	
投	上重　聡	4	0	0	0	…	…	…	…	…	…	…	三ゴ	…	三振	…	三ゴ	…	…	左飛	…	
(二)	松丸文政	5	2	2	1	…	**中2**	…	**左安**	…	三振	…	死球	…	四球	…	三振	…	…	三振	…	
	計	58	7	13	7																	

		回	打	球	安	三	四	死	失	自
○	松坂大輔	17	70	250	13	11	5	1	7	7
△	稲田　学	6	25	78	6	2	2	0	4	4
●	上重　聡	11	46	145	13	6	0	1	5	3

◇本塁打　小山1号（2ラン＝稲田）常盤1号（2ラン＝上重）◇盗塁　加藤（8回）◇失策　大西（8回）本橋2（10回、17回）◇けん制死　古畑（9回）◇走塁死　松本（5回）小山（6回）小池（10回）佐藤（14回）加藤（15回）◇暴投　稲田（5回）松坂（16回）◇ボーク　松坂（2回）◇審判　岡本（球）浜田、鹿多、三宅（塁）　△は左打者または左投手。□は両打ち。

◇準決勝　観衆＝ 34000人　時間＝2時間8分

明徳義塾		打	得	安	点	1	2	3	4	5	6	7	8	9
(左)	藤本敏也	5	2	4	2	三振	…	**右安**	…	**左本**	**左2**	…	**左3**	…
(右)	津呂橋昌史	4	0	1	1	三振	…	一ギ	…	遊ゴ	**右3**	…	遊ゴ	…
(三)	町中秀吉	5	0	1	0	**左安**	…	二ゴ	…	二ゴ	遊直	…	…	三振
△(投-投)	寺本四郎	3	1	1	0	**右安**	…	一ゴ	…	死球	…	三振	…	四球
(中)	谷口和弥	5	1	2	2	…	**左安**	…	三振	**左本**	…	三振	…	二併
△(二)	松元政樹	2	0	1	0	…	三ギ	…	**右安**	死球	…	三振	…	
(捕)	井上登志弘	4	2	2	0	…	三振	…	**左安**	三邪	…	…	**二安**	
(一)	村山真一	3	0	1	0	…	**左安**	…	投ゴ	…	遊ゴ	…	一ギ	
△投一	高橋一正	0	0	0	0	…	…	…	…	…	…	…	…	
(遊)	倉繁一成	4	0	1	1	…	三ゴ	…	**右安**	…	左飛	…	一邪	
	計	35	6	14	6									

			1	2	3	4	5	6	7	8	9
明徳義塾	6	=	0	0	0	1	3	1	0	1	0
横浜	7	=	0	0	0	0	0	0	0	4	3X

横浜		打	得	安	点	1	2	3	4	5	6	7	8	9
□(中)	加藤重之	4	2	1	0	中飛	…	投ギ	…	二併	…	…	遊失	**三安**
(二)	松本　勉	3	2	1	0	三振	…	四球	…	二ゴ	…	…	**右安**	ギ野
(一)	後藤武敏	5	1	3	3	振逃	…	**右安**	…	…	三ゴ	…	**中安**	**中安**
(左投)	松坂大輔	4	0	2	1	二ゴ	…	三振	…	…	**右安**	…	**中安**	一ギ
(捕)	小山良男	4	0	0	0	…	遊ゴ	右飛	…	…	遊飛	…	二飛	四球
(右)	小池正晃	3	0	0	0	…	一ゴ	…	遊ゴ	…	三振	…	…	…
△打三	常盤良太	2	1	0	0	…	…	…	…	…	…	…	一ゴ	三振
(三)	山野井成仁	0	0	0	0	…	…	…	…	…	…	…	…	…
三	斉藤清憲	2	0	0	0	…	四球	…	三振	…	…	二飛	…	…
△打右	柴　武志	2	0	2	2	…	…	…	…	…	…	…	**左安**	**中安**
△(投)	袴塚健次	2	0	0	0	…	二ゴ	…	三振	…	…	…	…	
投	斉藤弘樹	1	0	0	0	…	…	…	…	…	…	三振	…	
□打左	堀　雄太	1	0	0	0	…	…	…	…	…	…	…	三振	
(遊)	佐藤　勉	3	1	2	0	…	…	四球	…	**左安**	…	二飛	…	**右安**
	計	36	7	11	6									

		回	打	球	安	三	四	死	失	自
△	寺本四郎	7 0/3	31	104	6	7	3	0	4	1
●	高橋一正	1 1/3	10	28	4	1	1	0	3	3
△	寺本四郎	1/3	2	6	1	1	0	0	0	0
△	袴塚健次	4 2/3	24	92	10	4	0	2	4	4
	斉藤弘樹	3 1/3	14	56	4	3	0	0	2	2
○	松坂大輔	1	3	15	0	1	1	0	0	0

◇本塁打　藤本1号（袴塚）谷口1号（袴塚）◇盗塁　柴（8回）◇失策　倉繁（8回）◇盗塁死　村山（4回）◇走塁死　町中（1回）◇暴投　寺本（1回）高橋（8回）◇審判　清水（球）吉川、榎田、生越（塁）　△は左打者または左投手。□は両打ち。

◇決勝　観衆＝ 55000人　時間＝1時間46分

京都成章		打	得	安	点	1	2	3	4	5	6	7	8	9
(遊)	沢井芳信	4	0	0	0	三ゴ	…	…	左飛	…	…	遊ゴ	…	三ゴ
△(右)	田坪宏朗	2	0	0	0	四球	…	…	二ゴ	…	…	三振	…	四球
(一)	田中勇吾	4	0	0	0	三併	…	…	三ゴ	…	…	振逃	…	三振
(捕)	吉見太一	3	0	0	0	…	遊ゴ	…	…	三振	…	二ゴ	…	
(左)	橋本重之	2	0	0	0	…	三振	…	…	三振	…	…	四球	
△(投)	古岡基紀	3	0	0	0	…	投ゴ	…	…	三振	…	…	投ゴ	
(三)	三冨武史	3	0	0	0	…	…	中飛	…	…	三振	…	二ゴ	
△(中)	林　良樹	3	0	0	0	…	…	三振	…	…	三振	…	三振	
(二)	林　彰吾	3	0	0	0	…	…	三振	…	…	一ゴ	…	…	二ゴ
	計	27	0	0	0									

			1	2	3	4	5	6	7	8	9
京都成章	0	=	0	0	0	0	0	0	0	0	0
横浜	3	=	0	0	0	1	1	0	0	1	X

横浜		打	得	安	点	1	2	3	4	5	6	7	8
□(中)	加藤重之	4	0	1	0	遊ゴ	…	…	二邪	二飛	…	**遊安**	…
(二)	松本　勉	3	1	2	1	中飛	…	…	**左本**	**中安**	…	四球	…
(一)	後藤武敏	4	0	0	0	三振	…	…	中飛	中飛	…	遊ゴ	…
(投)	松坂大輔	4	1	2	0	…	遊ゴ	…	**右安**	…	三飛	…	**中安**
(捕)	小山良男	2	0	1	0	…	遊ゴ	…	四球	…	**左2**	…	三ギ
(右)	小池正晃	3	0	0	0	…	一飛	…	三振	…	三ギ	…	三振
(三)	斉藤清憲	4	1	2	1	…	…	中飛	…	**左安**	遊ゴ	…	**中安**
□(左)	堀　雄太	2	0	0	0	…	…	捕邪	…	三ギ	…	二飛	…
△左	柴　武志	1	0	0	0	…	…	…	…	…	…	…	捕邪
(遊)	佐藤　勉	3	0	1	1	…	…	三振	…	**右安**	…	投ゴ	
	計	30	3	9	3								

		回	打	球	安	三	四	死	失	自
●	古岡基紀	8	35	124	9	5	2	0	3	3
○	松坂大輔	9	30	122	0	11	3	0	0	0

◇本塁打　松本1号（古岡）◇盗塁　加藤（7回）◇暴投　松坂（7回）◇審判　岡本（球）清水、吉川、浜田（塁）　△は左打者または左投手。□は両打ち。

楊　順行（よう・のぶゆき）
1960年、新潟県生まれ。82年、ベースボール・マガジン社に入社し、野球、相撲、バドミントン専門誌の編集に携わる。87年からフリーとして野球、サッカー、バレーボール、バドミントンなどの原稿を執筆。85年、KK最後の夏に“初出場”した甲子園取材は58回を数え、観戦は2000試合を超えた。2021年時点で春夏通じて49季連続“出場”中。著書に『「スコアブック」は知っている。』（KKベストセラーズ）『高校野球100年のヒーロー』『甲子園の魔物』（ベースボール・マガジン社）、編著に『甲辞園』（ベースボール・マガジン社）。

再検証《さいけんしょう》　夏《なつ》の甲子園《こうしえん》　激闘《げきとう》の記憶《きおく》
1998年《ねん》 横浜高校《よこはまこうこう》
松坂大輔《まつざかだいすけ》という旋風《せんぷう》

2021年8月31日　第1版第1刷発行

著　者　　楊《よう》　順行《のぶゆき》
発行人　　池田哲雄
発行所　　株式会社ベースボール・マガジン社
〒103-8482
東京都中央区日本橋浜町2-61-9 TIE浜町ビル
電話 03-5643-3930（販売部）
03-5643-3885（出版部）
振替口座 00180-6-46620
https://www.bbm-japan.com/
印刷・製本　広研印刷株式会社

ISBN 978-4-583-11406-4　C0075